新时代智库出版的领跑者

智库中社

国家智库报告 2022（14）
National Think Tank

经　济

美国401（k）养老保险计划研究

闫坤　刘诚　等著

THE STUDY ON AMERICAN 401 (K) PENSION PLAN

中国社会科学出版社

图书在版编目（CIP）数据

美国401（k）养老保险计划研究／闫坤等著．—北京：中国社会科学出版社，2022.5

（国家智库报告）

ISBN 978 – 7 – 5227 – 0114 – 1

Ⅰ.①美… Ⅱ.①闫… Ⅲ.①养老保险制度—研究—美国 Ⅳ.①F847.126.7

中国版本图书馆 CIP 数据核字（2022）第 066703 号

出 版 人	赵剑英
项目统筹	王 茵 喻 苗
责任编辑	刘凯琳
责任校对	夏慧萍
责任印制	李寡寡

出 版	中国社会科学出版社
社 址	北京鼓楼西大街甲 158 号
邮 编	100720
网 址	http://www.csspw.cn
发 行 部	010 – 84083685
门 市 部	010 – 84029450
经 销	新华书店及其他书店

印刷装订	北京君升印刷有限公司
版 次	2022 年 5 月第 1 版
印 次	2022 年 5 月第 1 次印刷

开 本	787 × 1092 1/16
印 张	8
插 页	2
字 数	105 千字
定 价	49.00 元

凡购买中国社会科学出版社图书，如有质量问题请与本社营销中心联系调换
电话：010 – 84083683
版权所有 侵权必究

摘要　第七次全国人口普查数据显示：2020 年中国 60 岁以上年龄人口占比已达到 18.7%，65 岁以上年龄人口占比达 13.5%，均较 2010 年有 5 个百分点以上的增幅。整体上看，中国的人口老龄化具有速度快、高龄化、城乡倒置、地区不平衡、未富先老、未备先老等特征，这些对中国养老保险体系的可持续发展提出新的挑战。

面对人口老龄化快速发展且即将进入中度老龄化社会的现实国情，我们需要按照国家"十四五"规划纲要提出的发展目标，积极推进多层次养老保险体系建设方面的研究。特别要针对中国第二、第三支柱养老金发展滞后的根源寻求解决办法，通过完善税制和税收优惠政策等方式增强公众参加第二、第三支柱养老金的激励性。

美国构建了由政府、企业和个人共同支撑的三支柱养老保险体系，三支柱养老金之间相互补充、协调配合，尤其是第二、第三支柱养老金种类丰富，在世界范围内独树一帜。其中，属于第二支柱的 401（k）计划影响最大。基于此，本报告以美国 401（k）计划为重点，兼顾美国其他几类税收优惠型养老保险计划，研究梳理其发展历程、产生的经济社会背景、运行模式、税收支持政策等方面的特征，总结其实际效果以及存在的不足，并结合中国实际提出可供参考借鉴的经验及相关政策建议。

报告第一部分概述美国的三支柱养老金体系；第二部分分析 401（k）计划的发展历程和运行特点；第

x

三部分简单介绍 401（k）计划之外的其他类型税收优惠型养老保险计划的特点，并分析其优势及不足；第四部分结合中国国情，对比中美差异，探讨美国经验的启示；第五部分在上述分析的基础上对中国养老金发展提出若干政策建议。

关键词　美国；养老保险计划；401（k）；第二支柱养老金；第三支柱养老金

Abstract：The seventh national census data show that in 2020, the population over 60 years old in China has reached 18. 7%, and the population over 65 years old accounted for 13. 5%, both of which increased by more than 5 percentage points compared with 2010. On the whole, China's aging population has the characteristics of fast speed, aging, inversion of urban and rural areas, regional imbalance, old before rich, old before ready, and so on, which poses new challenges to the sustainable development of China's pension system.

In the face of the rapid development of population aging and the reality of a moderately aging society, we need to actively promote the research on the construction of multi-level endowment insurance system in accordance with the development goals of the national "fourteenth Five-year Plan". In particular, it is necessary to seek solutions to the root causes of the backward development of China's second and third pillar pension, and enhance the incentives for the public to participate in the second and third pillar pension by improving the tax system and preferential tax policies.

The United States has built a three-pillar pension system jointly supported by the government, enterprises and individuals. The three pillar pensions complement and coordinate with each other, especially the second and third pillar pensions, which are unique in the world. 401（k）plans, which are part of the second pillar, have the biggest impact. Based on this, this report focuses on the 401 (k) plan in the United States, takes into account other types of tax-preferential pension insurance plans in the United States, studies and sorts out their development history, economic and social background, operation mode, tax support policies and other characteristics, and summarizes their actual effects and shortcomings. Combined with the actual situation of China, the experience for reference and relevant policy suggestions are put forward.

The first part of the report outlines America's three-pillar pension system. The second part analyzes the development and operation characteristics of 401 (k) plan. The third part simply introduces the characteristics of tax-preferential endowment insurance plans other than 401 (k) plan, and analyzes their advantages and disadvantages. The fourth part, combined with China's national conditions, compares the differences between China and The United States, and discusses the enlightenment of American experience. The fifth part puts forward some policy suggestions on China's pension development based on the above analysis.

Key words: American Pension Plan; 401 (k); Second Pillar Pension; Third Pillar Pension

目　　录

一 美国三支柱养老金体系概述

（一）美国养老金体系的基本
构架及发展进程

美国养老保障体系的基本构架由三大支柱组成，三大支柱对应着三类支撑主体，分别对应于政府、企业（雇主）、个人（雇员），三支柱之间的核心区别在于"政府—企业—个人"三部门主体中，哪一方的角色相对更加重要，就占据主导地位。第一支柱对应于由政府强制性推行的养老保险制度，第二支柱对应于主要由企业提供的养老金计划，第三支柱对应于主要由个人选择参与的各类养老储蓄。

1. 美国第一支柱养老保险发展历程

美国第一支柱的养老保险在 20 世纪 30 年代形成框架性雏形。第一次世界大战以后，美国已经由农业社会转变为工业社会，越来越多的居民进入城市生活，脱离农业生产之后居民对城市就业和现金的依赖性越来越强。然而，20世纪30年代的大危机，对美国社会的就业造成了极大的伤害，同时也让大量美国居民的终身储蓄化为乌有。在"大萧条"最严峻的时期，很多美国老年人陷入了身无分文的极端贫困状态，大约1/3到接近半数的老年人依靠家庭或友人的帮助勉强度日。在此期间，尽管由捐赠或地方性基金筹资而建立起来的济贫院和救助机构为一些难以维持生活的老年人提供了不小的帮助，但仅仅依靠这些救助机构并不能满足老年人的生活需求。一些州逐步建立起公共养老金项目，到1934年大约有30个州能够为有需求的老年群体提供一定数额的养老金。但随着大萧条效应的持续影响，个人能够获得的养老金数量被大量削减，难以保证老年群体的基本生活开销。在公众和国会的压力之下，1934年6月罗斯福总统签署行政命令，组建经济保障委员会，要求增强应对经济性风险的远见和体系，老年人的保险计划被纳入其中，并作为社会保障法案的一部分。1935年8月14日，罗斯福总统签署通过《社会保障法案》（Social Security Act），让养老保障正式进入有法可依的时代，美国也从此走上了"福利国家"之路。在此体系设立后的早期，商业和工业部门的男性劳动者都可以获得养老保险资格，但覆盖的群体相对比较有限，针对养老保险事项，法案规定了老年储蓄账户的设立、老年福利金支付、死亡补助、未覆盖者的补贴、补贴与补助的支付方式、特别规定等内容。

由于该基本养老保险在设计之初就将较大比例的

其他劳动者排除了，所以从其产生开始就伴随着争论和改革，在改革的过程中，覆盖的人群范围逐步扩大。1940 年的改革，实现了瞄准对象由个人到家庭的转变，把老年人的未成年子女和早逝劳动者的遗属纳入保障范围，从此美国社会保障计划逐步演变成"老年与遗属保险"制度。20 世纪 50—70 年代的改革，扩大了能够参与的人员范围，将非受雇劳动者、自由职业者、家庭劳动者、农业人口以及僧侣等都纳入进来，并从 1961 年开始已经体现了性别中性原则。时至今日，美国《社会保障法案》经过多次完善，基本实现了对所有社会成员的全覆盖，形成了由政府主导、财政提供终极担保、广覆盖、保基本、带有一定参与强制性的养老保险计划，是美国养老保险体系的最底一层，即第一支柱。目前，联邦老年遗属与失能保险（The Federal Old-Age, Survivors, and Disability Insurance, OASDI）是美国社会保障的官方名称，它建立在由工资薪金为基础设立的基金基础之上，旨在为退休人员、残疾人以及他们的配偶、子女和遗属提供一定的生活待遇。从名称上可知，"联邦老年遗属与失能保险"实际上包括三个方面的具体内容，即退休劳动者（及其抚养人）基本的养老保险、早逝劳动者遗属的基本生活保障、失能劳动者（及其抚养人）的基本生活保障。

OASDI 对居民发挥保障功能的前提要求延续至今，核心条件是，加入者必须要在有劳动能力的年龄阶段挣得一定规模的收入（无论是以受雇、自雇还是其他就业方式），目的是鼓励居民在具有劳动能力时更多地参加社会劳动，同时，收入也是居民纳税的直接依据。目前（2021 年）的要求是，劳动者必须要累计 40 个"收入绩点"（也被称为社会保险评分等），未来退休时方能享受这一项目的待遇，每赚得 1470 美元的劳动收入可以被赋予 1 个"收入绩点"，但"收入绩点"每年至多积累 4 个，超过 4 个绩点对应收入以外的收入在同一年不再给予绩点，第二年重新按新一年的收入计算绩点数量（Social Security Administration，2022）。至少累积 40 个"收入绩点"，意味着至少要累计工作 10 年，并且各年的劳动收入要达到最低要求（等价含义是，至少要有累计 10 年的最低纳税），未来退休后才能享受基本的养老待遇。在实际计算上，每一个"收入绩点"对应的收入会根据 CPI 的变化做出调整，社会保障部会将调整情况作出公布，与税率、缴费上限等信息一并体现在生活成本调整栏目（Cost-of-Living Adjustment，COLA）。在 2002 年时，积累 1 个绩点需要劳动者赚取 870 美元的收入，满分 4 个绩点需要满足收入不低于 3480 美元；2020 年时，积累 1 个绩点需要实现收入 1410 美元，满分 4 个绩点需要收入不低于 5640 美元；2021 年积累满 4 个绩点需要完成收入 5880 美元。

2. 美国第二支柱养老金计划发展历程

美国第二支柱养老金计划是由雇主发起，提供给就业者个人账户的养老储蓄。由雇主提供的养老金计划在美国产生的时间远远早于由政府建立的社会保障计划，只不过在相当长的一段时期（接近 100 年）只是起到辅助功能，甚至在 20 世纪 30 年代之前都很少进入公众的视野。尽管美国第一支柱养老保险做到了广覆盖，但由此给政府增加的财务压力从 20 世纪 70 年代开始也逐渐引起重视，由雇主发起式养老金计划构成的第二支柱养老保险从此走向成熟。

实际上，美国的雇主养老金计划起源较早，可以追溯到 19 世纪 70 年代中期。在工业化和城市化迅速发展时期，美国的一些大型公司把为员工提供养老金作为一种补充福利，1875 年美国快递公司为其雇员提供了世界上第一个雇主—雇员型养老金计划，到 20 世纪 20 年代，雇主养老金计划的增长出现了高潮。雇主养老金计划的实质是，在雇主的主导下，将员工的一部分劳动报酬进行有激励的储蓄或延迟支付，从而为员工退休之后的收入提供保障。但是，由于早期的雇主养老金计划缺乏体系，主要由雇主制定的相关规定较为零星和碎片，运作起来也比较不规范，应对较大经济风险的能力很有限，所以在 20 世纪 30 年代大萧条的背景之下，早期的这些雇主养老金计划也受到了极大的冲击。即便如此，雇主养老金的火苗并没有在大萧条的环境下完全熄灭，而是在遭受洗礼之后继续发展。第二次世界大战之后，美国的雇主养老金计划逐步走向成熟，私营企业甚至将养老金计划一度作为吸纳新员工的手段之一，到 20 世纪 70 年代，雇主养老金计划已经发展得比较成熟，覆盖面和待遇水平都要比半个世纪之前大幅改善。20世纪70年代石油危机导致的经济低迷，高失业率、高通胀以及公共养老金体系的财务压力等消极因素的施压，亟待建立完善能够缓释政府财政压力的养老金计划，这在一定程度上又助推了雇主养老金计划的进一步完善。

以美国国会1974年通过《雇员退休收入保障法案》（*Employee Retirement Income Security Act*，ERISA）为标志，雇主发起式养老金计划在美国的发展进入基本成熟阶段。该法案明确规定了雇主为雇员的缴费（或者雇主和雇员共同的缴费）可递延至待遇兑现时缴纳所得税，并对养老金账户的管理、投入资金量的多少等方面都做了明确的说明。ERISA这一法案对于美国逐步完善多支柱的养老保障体系，具有里程碑的意义（伊志宏，2005），一些研究者将其称为"美国私人养老金大法"。在此法案之前，美国其实没有所谓第二支柱、第三支柱养老金计划的差别，只有"公共"和"私人"之分，此法案颁布实施之后，私人部门建立的养老金计划便逐渐有了设立主体的区分，即由雇主为雇员建立的养老金计划（第二支柱）和任何居民都可以自愿加入的个人养老金计划（第三支柱）。

美国的第二支柱养老金计划包括四大体系，即美国联邦雇员养老金计划（1984年前为联邦公务员养老金计划）、州和地方政府退休计划、美国铁路系统退休计划以及雇主主导建立的私人养老金计划。其中，雇主主导建立的私人养老金计划最具有代表性，覆盖面也更广泛，其他三个体系在很大程度上都与其具有相似性，而雇主主导建立的私人养老金计划中，401（k）计划最负盛名。美国的雇主发起式私人养老金计划是一种税收优惠型养老金计划，其正式发端于20世纪40年代，当时的非营利性组织、教育机构等一部分合格的免税组织为其雇员购买具有免税性质的职业年金，这种做法后来正式被美国《国内收入法》所承认，并在第403条第（b）款作出专门规定，由此便产生了403（b）计划（吴孝芹，2018）。继1974年《雇员退休收入保障法案》（ERISA）之后，美国在1978年完善的《国内收入法》（*Internal Revenne Code*，IRC）中，第401条的第（k）款明确规定，允许私人企业在内的绝大多数雇主为雇员建立税收递延型的养老金计划，影响深远的401（k）计划呼之欲出，而之前率先在部分免税组织中实施的税收递延型养老金计划继续被列为403（b）计划并对可选金融产品种类做适当扩展，从1982年开始，401（k）计划进入实质性的实施阶段。

按照雇员在参与雇主发起式私人养老金时，在缴费和未来待遇之间的确定性不同，又可以将第二支柱私人养老金划分为缴费确定型养老金计划（DC）和待遇确定型养老金计划（DB）。缴费确定型（Defined Contribution，DC），顾名思义，是在加入该种类型的养老金计划之后，参与者可以及时明确地知晓自己每期应当缴纳的费用和实际已经缴纳的费用，即雇主和劳动者按照固定的公式、承担各自责任内的比例向基金池中缴纳费用，但在缴费期间难以对未来能够领取的回报做出较为确切的展望，因为未来的报偿与基金投资收益相关，该养老金计划的参与者退休之后的总待遇来自缴纳的本金和本金产生的收益；待遇确定型（Defined Benefit，DB）养老金计划，根据劳动者在企业或组织内的资历（如任职年限、级别、工资水平等）设计其退休后的退休金公式，即在明确了职业生涯特征之后就能比较明确地计算出未来退休时能够享受的养老金待遇，但由于要在基金投资收益具有不确定性的情境下确保未来确定水平的支付，因此每期的缴费（无论是单纯由雇主缴费还是雇主与员工按协议共同缴费）负担具有差别。

在20世纪70年代及以前，私人养老金计划基本上都采用待遇确定型计划（DB），而在美国联邦税法设立401（k）条款之后，越来越多的雇主开始采用缴费确定型的养老金计划（DC）。目前，美国的第二支柱养老金计划中，缴费确定型（DC）和待遇确定型（DB）并存，以满足不同风险偏好群体的需要，但缴费确定型（DC）养老金计划更为流行，其中401（k）养老金计划是缴费确定型（DC）的典型代表。

截至2020年中，49%的美国家庭都建立了缴费确定型（DC）养老金账户（Holden等，2021），主要包括401（k）计划账户、403（b）计划账户、457计划账户以及其他不具有401（k）特征的DC型计划。根据美国社会保障部的分析，在2020年时67%的劳动者在为退休而储蓄：是否拥有雇主负责制（Employer-Sponsored）的退休储蓄计划，是美国人是否为退休储蓄的关键因素；仅仅有 27% 的人没有雇主负责制养老储蓄计划的通道。截至 2020 年末，缴费确定型（DC）养老金资产总量约为 9.6 万亿美元，在 34.9 万亿美元的养老资产总存量中占 27.5%，且平均占到美国家庭金融资产的 9% 左右；而在缴费确定型（DC）养老金资产中，大约有 6.7 万亿美元是 401（k）计划之下的（占 70%）（ICI，2021）。

3. 美国第三支柱养老金体系的发展历程

如果按照当前被普遍接受的概念，美国最早的私人养老金计划在很大程度上应当属于第三支柱养老保险，因为其主要特征是建立个人账户，以及参与的灵活性。

20 世纪 70 年代《雇员退休收入保障法案》正式实施之后，私人养老保险计划出现了细分，一部分由雇主主导发起建立，形成第二支柱，另一部分仍然完全建立在个人账户的基础上，被称为第三支柱。20 世纪 70 年代，第三支柱的养老金计划在法案当中进行了专门的规定，主要原因大致有三：一是笼统的私人养老金计划在美国距离产生已经有超过 100 年的历史，尽管其中的绝大部分是由雇主提供的，但有一小部分人因为工作中断等原因解除雇佣关系之后，可以通过与原雇主达成协商，以个人的身份继续采用某种缴费方式存续在体系之中，在退休后继续享受对应的支付待遇，但这得不到正式的保障，迫切需要建立制度化的体系；二是由于非正规就业的增加，不少劳动者不与企业或组织产生雇佣和受雇的关系，但他们除了加入公共养老金之外，还有更多的需要，而仅面向雇主设计的养老金计划不能将这部分人群覆盖到；三是随着私人养老金体系的发展和居民收入的增加，一些人有更多的为未来储蓄的需求，需要更加多元化的养老金方案供给。于是，1974 年美国通过《雇员退休收入保障法案》时，新增了 408 条款，直接允许不被雇主（政府、公共组织、企业、非营利性组织等）养老金计划所覆盖的群体建立个人养老账户（Individual Retirement Account，IRA），标志着美国有法可依的个人养老金制度正式建立，后来则允许持有雇主养老金计划的个人也可以参与个人养老金计划。

在 IRAs 养老金计划中，最为流行的两种方式是"传统 IRA"计划和"罗斯 IRA"计划。其中，传统 IRA 税收优惠的基本方式是延迟纳税（EET 模式），即个人账户在缴费、投资阶段不征税，只在领取时才根据税法征收个人所得税。罗斯 IRA 是传统 IRA 的扩展版，居民在加入 IRA 计划时必须使用税后收入，但以后产生的收益则完全归己，无须再纳税（TEE 模式）。

传统 IRA 计划框架下还有细分类别——SEP IRA计划和 SIMPLE IRA 计划等，兼具第二支柱和第三支柱养老金的属性。为了鼓励小企业为雇员建立养老金计划，美国国会先后于 1978 年和 1996 年两次对 IRA 规则进行修订，在传统 IRA 账户框架下创设了 SEP IRA和 SIMPLE IRA 两类细分的 IRA 计划类型。其中，SEP IRA 计划适用于部分企业及自雇者等，可为业主自己及其雇员提供退休计划。SIMPLE IRA 计划，只适用于雇员不足 100 人的小企业，它对雇主缴费要求非常严格。因此上述两类 IRA 计划虽属于个人养老金账户的框架，但实属于雇主发起式养老金计划范畴。

传统 IRA 计划推出后，参与者可享受的年度税前额度一直较低，例如最初只允许未参与第二支柱养老金计划的纳税人享受 IRA 税前抵扣优惠，同时约定享受税前扣除的年度额度为年度收入的 15% 且最多不超过 1500 美元，可见当时 IRA 制度的税收优惠主要是针对低收入人群。为完善中高收入者的个人养老金制度，1997 年通过的《纳税人减税法案》（*Taxpayer Relief Act*）对《国内收入法》新增第 408A 款，对 IRA 体系引入了另一类税收优惠模式的 IRA 安排——罗斯 IRA（Roth IRAs），根据该条款，存入资金时不享受税前扣除，但投资收益和支取时将享受免税政策。相比之下，罗斯 IRA 更适合缴纳当期所得税能力更强的中高收入投资者。

截至 2020 年中，37.3% 的美国家庭（大约 4790 万个家庭）建立了个人退休金账户（IRAs），其中最主要的是传统型的 IRAs 账户，大约有 3726.5 万个家庭拥有传统型的 IRAs 账户（在拥有 IRAs 账户的家庭中占 77.8%，占美国全部家庭的 29% 左右）。在建立了 IRAs 的家庭当中，超过 80% 的人还同时拥有雇主发起的养老金计划，整体上看，超过 60% 的美国家庭通过工作渠道或者个人渠道构建了退休计划（建立了第二、第三支柱的养老金计划），在即将退休的人群当中，这一比例已经超过 75% （Holden and Schrass，2021）。在 2020 年底，IRAs 的全部资产为 12.2 万亿美元，占整个美国养老保险金资产总额的 35% 左右，而在 2000 年左右，IRAs 资产占全部养老资产的份额仅为 23%，最近二十年，IRAs 经历了非常快速的发展。

美国的个人养老金制度具有科学的监管体系。美国 IRA 计划主要受美国财政部下设的国内收入署（IRS）和美国劳工部的监管。IRS 在 IRA 计划的监管上扮演了主要的角色，监管的依据主要为美国《国内收入法》。一方面，IRS 需要对涉及 IRA 计划的税收政策执行进行监管。由于美国是以个人报税为主的纳税体系，因此 IRS 对纳税人的监管主要关注报税申报中涉及 IRA 计划资金存入、支取、转滚存等操作的税务影响是否符合 IRA 计划相关的法规。另一方面，IRS 还需要对 IRA 计划是否符合合格养老金计划进行持续监管。例如，合格的 IRA 账户都需包含一个受托人或托管人，而 IRS 则承担了审批托管人资格的责任：除银行可以担任 IRA 账户的受托人外，其余非银行机构若想承担受托人或托管人的职责，均需获得 IRS 的批准。美国劳工部对第三支柱个人养老金的监管相对间接，是基于对第二支柱养老金监管的自然延伸，监管的依据主要为 ERISA 法案。美国劳工部在第二支柱养老金监管上主要强调对雇员权益的保护、对养老金计划发起人、受托人、投资顾问等诚信责任的监督等。由于美国第二、第三支柱养老金制度有着深刻的联动和互补关系，且税优政策和投资运作遵循类似的框架，因此，美国劳工部对雇主发起式养老金计划的部分监管规则适用于第三支柱，不少自然延伸成为对 IRA 计划的规范。可以看出，美国劳工部在规范 IRA 计划投资顾问的审计要求、信息披露义务、程序化投资顾问服务的资质等方面，都负有监管责任。ERISA 法案同时要求美国财政部和美国劳工部在涉及养老金计划相关的监管上进行相互协调。

（二）各支柱养老金计划的基金筹集及支付

1. 第一支柱养老金计划的筹资与支付概述

第一支柱养老金计划由政府主导，联邦财政提供最终担保，它以社会保障税的方式强制筹资。社会保障税（OASDI 税或称 FICA 工资税）支撑整个项目的基础资金来源，由雇主和雇员共同缴纳，个人月度缴费以年均收入的一定比例为基准。根据联邦保险缴费法案（Federal Insurance Contributions Act，FICA）和自雇人员缴费法案（Self-Employed Contributions Act，SECA），政府以劳动者的工薪收入为依据，征收社会保障税来筹集资金。对于非自雇劳动者而言，雇主和雇员分别承担 6.2% 的税率，对于自雇劳动者而言，个人完全承担 12.4% 的税率。但是，个人应税收入设有上限，超过上限的部分，不再缴纳社会保障税。2021 年，个人应当缴纳社会保障税的年收入上限是 14.28 万美元，2020 年的应税年收入上限是 13.77 万美元。

据统计，2019 年 OASDI 收入的 89%（9445 亿美元）来自工薪税，其余的来自利息收入（808 亿美元）和 OASDI 收益的纳税（365 亿美元）。OASDI 税筹集的收入，加入两只信托基金，一只是为退休人员而设计的老龄和遗属保险（ASI）信托基金，另一只是为失能人员而设计的失能保险（DI）信托基金。社会保障税以及其他相关的收入存入这两只信托基金账户，社会保障待遇从中支付，并且除了支付社会保障待遇和管理成本之外，信托基金不得作为他用。

关于第一支柱养老金计划的支付和申领。第一支柱实行现收现付制，当期的支出完全来自当期的社会保障税收入。美国的社会保障支出是联邦预算支出的最大一项，2020 年约为 1.2 万亿美元（Kagan 等，2021）。在 65 岁及以上年龄人口中，大约 90% 以上的人能够获得对应的养老金。自 20 世纪 30 年代建立以来，第一支柱养老金计划伴随美国经济和人口的增长，无论是参与者数量还是支付标准在过去几十年里发生了大规模的增长。在 1940 年时，大约有 22.2 万人从该项目中领取保障金，月均 22.6 美元。截至 2020 年底，这一人数已经接近 6500 万。2021 年，受益者月均可领取金额是 1543 美元。

对于老年人口申领 OASDI 公共养老金的基本要求是，依据个人的具体出生日期，参加该养老保险计划的人达到 62 岁时就可以申请领取相应的待遇，但如果年龄未达到"完全退休年龄"（Full Retirement Age），所能够领取的待遇则会打折。美国的养老保障申领方案不对"完全退休年龄"做统一的限定，而是根据人口出生年份的不同，设定与之对应的退休年龄，这主要是考虑了人口预期寿命在持续提高，对应的退休年龄适当延后。美国目前对于 1960 年及其以后出生人口的"完全退休年龄"是 67 岁，对于 1960 年以前出生的人口，"完全退休年龄"大致按照每早出生一年则减少两个月的方式而递减至 66 周岁（例如，1959 年出生的人口，"完全退休年龄"是 66 岁又 10 个月；1958 年出生的人口，"完全退休年龄"是 66 岁又 8 个月……1954 年及以前出生的人口，"完全退休年龄"是 66 岁）。如果一个人在 62 岁时开始申请领取公共养老金，根据其出生年份的不同，他能领取的养老金会在足额情形下削减 25%—30%，其配偶能够享受的待遇也会在足额的基础上削减 30%—35%，但当年龄达到"完全退休年龄"时则可以足额领取养老金待遇。对于达到"完全退休年龄"之后仍然推迟领取的人，则根据其推迟的时间长短而获得（在足额基础上的）加分奖励，推迟的时间越长，得到的增长幅度越高，但 70 岁是加分奖励的年龄上限，即推迟到 70 岁才开始初次申领社会保障退休金的人，可以获得最高水平的给付待遇。因此，从制度设计上看，在达到了最低申领年龄（62 岁）之后，何时开始申请享受退休金待遇几乎完全是个人的决定，在"完全退休年龄"之前和之后领取实际上各有优势也各有不足。在余寿一定的情况下，早领的好处是领取的年限相对较长，但前期不能足额领取，也自然没有延迟奖，推迟领取的好处是待遇水平较高，但领取的年限要少一些。

如图 1-1 所示，2020 年大约有 6500 万美国人领取了总金额约 1 万亿美元的社会保障待遇金，其中，退休人员约 4580 万人，养老保险金领取总金额为 6940 亿美元，月人均待遇是 1514 美元；享受养老金待遇的退休人员抚养人约为 310 万人，总金额是 240 亿美元，劳动者的遗属约 600 万人，领取的总金额是 70 亿美元。2020 年，退休人员及其抚养者领取的待遇占整个社会保障支出的 73.2%，残疾人及其抚养人领取的待遇约占整个社会保障支出的 14.5%，劳动者的遗属所领取的待遇约占整个社会保障支出的 12.3%。在 65 岁及以上年龄的人口中，接近 90% 的人享有社会保障待遇。

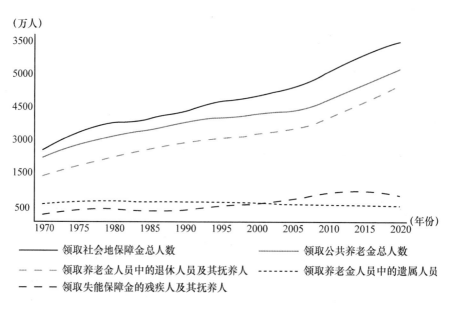

图 1-1 不同时期美国领取 OASDI 各类待遇的人数

资料来源：根据美国社会保障部（Social Security Administration）有关数据绘制。

对于绝大部分老年人而言，社会保障金是最主要的收入来源，整体上平均占老年人收入的三分之一，对于接近半数的老年夫妇和70%老年单身群体而言，社会保障金占到他们全部收入的50%以上，而21%左右的老年夫妇以及45%左右的老年单身群体的收入构成中，社会保障金收入所占比重超过90%。因此，公共养老金对于保基本的作用非常巨大。

2. 第二、第三支柱养老金的筹资与支付概述

私人养老金计划的资金筹集主要来自个人的缴费，无论是雇主主导建立的第二支柱还是完全由个人自主建立的第三支柱养老金计划。其中第二支柱的缴费可以是雇主直接为雇员缴纳、雇员自行缴纳或者雇主雇员共同缴纳，第三支柱养老金账户的缴费则由参加者自行缴纳。由于第二、第三支柱的养老金计划，在本质上都是一种具有纳税优惠的储蓄，因此为了防止高收入者滥用这一规则而引起不平等，都对缴费（储蓄）设置上限。

在第二支柱当中，以401（k）计划为例，美国国税局规定雇主在雇员401（k）计划的缴费上限是雇员年收入的6%，可享受税前列支，对于雇员个人的缴费也设置上限，但是会定期进行调整，并且对一定时期内雇主和雇员的合计缴费上限也有限制，不过这个上限一般相对比较高，超过上限部分的缴费不再享受税收优惠。401（k）计划养老金的领取年龄一般规定目前是至少达到59.5岁（重大疾病、遭受贫困等特殊困

难的情况出现时，可申请提前申领），达到 70.5 岁时则必须领取，否则会承担一定的经济惩罚。

在第三支柱当中，无论是传统 IRA 还是罗斯 IRA，抑或是小微企业的 SIMPLE IRA，同样也会设置年度的缴费上限，并且存入上限的规定非常具体。传统 IRA 计划规定 70.5 岁以下且有应税收入的人可以开设账户；罗斯 IRA 计划对年龄没有限制，但对账户拥有者调整后的总收入有一定限制。账户开设后，账户拥有者可以在开设账户后的任何时间存入本金，但针对不同的账户拥有者，有不同的上限要求。大体上看，根据 IRA 账户拥有者是否加入了雇主养老金计划、纳税申报状态以及调整后的总收入等，传统 IRA 账户可享受的税收优惠进一步划分为存入资金可全额税前抵扣、仅可部分抵扣和不得抵扣三类。总体而言，对于参与了雇主养老金计划或收入更高的纳税人，更有可能不能享受全额抵扣。在支取方面，传统 IRA 账户要求账户拥有者在 70.5 岁之后必须每年从中支取一定金额以上的养老金，并且需按当时税率缴税，支取不足的部分需额外缴纳 50% 的税；罗斯 IRA 账户支取本金没有时间和金额限制；在达到一定年龄（59.5 岁）和开户时间（5 年）要求后提取投资收益时也无须缴纳收入税。

（三）三支柱养老金之间的协调关系

美国构建了由政府、企业和个人共同支撑的三支柱养老保险体系，三支柱养老金之间相互补充、协调配合，尤其是第二、第三支柱已成为养老事业主要资金来源。

1. 构成多元，分工明确

在美国的养老保障体系中，三大支柱的角色非常清晰。由联邦老年遗属与失能保险（OASDI）中的养老部分构成最基本、最普惠的养老方案，核心目的是广覆盖（但并非100%覆盖全部居民，因为少部分在其他保障下的居民不受养老金计划保障）、保基本、带有强制参与性；由以401（k）计划为代表的第二支柱以及各种类型IRAs构成的第三支柱，是美国居民在公共养老金系统之外的重要补充。

表1-1　　　　　　　　　　美国养老保险体系

名称	计划类型	具体类型	
第一支柱	公共养老金计划（OASDI）	养老保障、遗属保障、残疾保障	
第二支柱	雇主养老金计划	待遇确定型（DB）	私人部门DB型计划、州和地方政府DB型计划、联邦政府DB型计划
		缴费确定型（DC）	401（k）计划、403（b）计划、457计划、TSP等
第三支柱	个人退休计划（IRA）	传统个人退休账户（Traditional IRA）简化个人退休账户（SEP IRA）薪资抵扣简化个人退休账户（SAR-SEP IRA）简单个人退休账户（SIMPLE IRA）罗斯个人退休账户（Roth IRA）	

资料来源：根据美国国内收入署（IRS）有关介绍汇总绘制。

2. 资金互补，第二、第三支柱远超第一支柱

美国养老金体量巨大，三大支柱共同支撑了美国庞大的养老收支。截至2020年第四季度，美国联邦老

年遗属保险（OASI）资产余额约为 2.81 万亿美元，第二、第三支柱退休资产总额约为 34.9 万亿美元，其中 DC 计划的资产总额为 9.6 万亿美元，个人 IRAs 计划的总资产约为 12.2 万亿美元。可见，第二、第三支柱已成为美国养老事业的主要资金来源，政府主导的第一支柱资金占比仅为 7.5%。

三大支柱养老金在整个养老金体系中的资金占比关系如图 1-2 所示。图中联邦老年遗属保险（OASI）年末资产存量来自美国社会保障部估算，第二、第三支柱养老金计划资产存量来自美国投资公司。尽管两个机构对资产余额的估计方法上存在差异之处，绝对数额之间的比较并不十分精确，但仍然可以揭示出第二、第三支柱在整个体系中所占的比重呈现明显的上升趋势。图中未将无法准确归类的"其他年金"放入，它们中一部分属于第二支柱、一部分属于第三支柱，如果考虑这一因素，第一支柱的相对比重会更低一些。此外，图 1-2 中的第三支柱包含全部的 IRAs 计划，但由于一小部分 IRAs 实际上应属于第二支柱［参与者更换工作或退休时，可将 401（k）等计划资金滚存到 IKA 账户］，因此第二、第三支柱的实际差距要比图中略大。整体上看，三大支柱养老金资产体系中，第二支柱规模最大、第一支柱最小。

进一步地，如图 1-3 所示，在第二、第三支柱内部，从 1980 年到 2020 年，各类 IRAs 计划资产所占份额越来越大；其次是 DC 型计划。

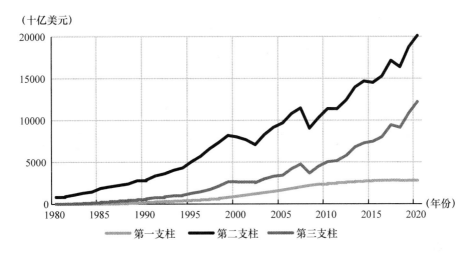

图1-2　美国三大支柱养老金资产结构

资料来源：课题组根据美国社会保障部、美国投资公司（ICI）公开发布的数据绘制。

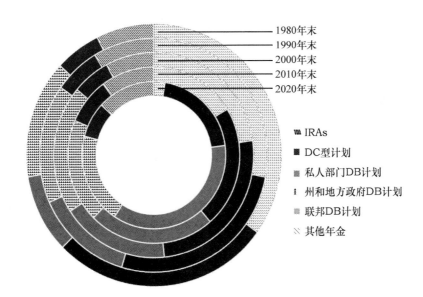

图1-3　美国各类养老金计划在不同时代的资产结构

资料来源：课题组根据美国投资公司（ICI）公开发布的数据绘制，Investment Company Institute，"The US Retirement Market, Fourth Quarter 2020"，2020，www. ici. org/info/ret_20_q4_data. xls。

3. 三大支柱之间具有一定的转移性

第二支柱到第三支柱养老金计划具有一个便利的转移通道。因为第二支柱是由雇主发起设立的，那么当劳动者辞职或者更换工作时，需要将个人的养老金账户"带走"，可以带至下一个就业的企业继续加入雇主发起式第二支柱养老金计划，也可以转至完全的个人自主式（IRAs）账户之中。

总之，美国第二支柱和第三支柱构成了美国的补充养老金体系，较好地补充了基本保障养老金替代率不足的部分。由于税收优惠政策的激励作用，以 401（k）和 IRA 为代表的退休基金发展迅速，成为美国最受欢迎的退休计划，该模式逐渐为其他国家借鉴和使用。

二　美国 401（k）计划发展
历程及运行特点

　　401（k）计划源自美国《国内税收法案》的第
401（k）条款。1981 年，401（k）计划正式得到美国
国内税务局的批准，雇员将税前的一部分薪资存入其
个人退休金账户。该条款规定，雇主可以为雇员设立
401（k）计划账户，雇员在领取工资时按照一定的比
例将一部分工资缴入该账户，该部分工资可以于税前
进行扣除。同时雇主可以按一定的比例为雇员进行匹
配缴费，雇主缴费的部分可以从公司当期应税收入中
扣除。企业雇主和雇员向 401（k）个人账户的缴费都
不需要缴税，当雇员退休后可以按照规定从该账户领
取企业年金并缴纳个人所得税，这种传统 401（k）计
划的税收递延优惠被称为 EET 模式。2001 年，美国国
会通过的税法（EGTRRA）授权设立罗斯 401（k）计
划，允许参与者将税后的收入存入该账户，在退休后
按规定领取时是免税的，罗斯 401（k）计划的税收优
惠为当期缴税、领取免税的 TEE 模式。虽然参与者可
以同时拥有罗斯 401（k）计划和传统 401（k）计划，

但是这两个账户的资金不可以进行相互转移。当参与者离开公司时,罗斯401（k）计划账户的资金可以通过滚存的方式进入罗斯 IRA 计划。

（一）历史背景

1.“婴儿潮”

雇员收益计划在美国的发展已经有 200 多年的历史,该计划以退休收入保障制度为典型代表,但直到 20 世纪中期,退休基金在美国真正发展起来。1945 年第二次世界大战结束以后,大批军人返回美国,造成战后“婴儿潮”（1946—1964 年、1964—1974 年出生的人）（肖汉平,2005）,人口快速增长使得美国产生了养老金缺口的压力,因此美国政府高度重视退休收入保障制度的建立。1965 年以来,美国社会保障税所带来的财政收入难以弥补社会福利支出产生的财政缺口,并且这个缺口持续扩大。1970—1980 年,美国政府发现“婴儿潮”的一批人口逐渐参加工作之后,美国的人口结构发生了改变。受制于人口结构的变化,这批占美国总人口接近 40% 的“婴儿潮”只能靠自己的储蓄养老。因此这个逐渐扩大的缺口只能由个人和企业通过养老保险计划来进行弥补。在这样的时代背景之下美国的 401（k）计划诞生了,其鼓励美国国民增加养老储蓄。美国政府通过立法的方式为退休基金的发展提供一系列制度保障,在 401（k）计划的发展过程中,税收制度的安排起到了不可估量的促进作用。

2．美国经济"滞胀"

税收优惠政策对401（k）计划的激励作用有着特殊的历史背景。在20世纪50—60年代，美国政府采取扩大总需求的财政政策以及宽松的货币政策有效地促进了美国资本主义经济的迅速增长，对降低失业率以及减弱经济危机程度、缩短经济危机时间，起到了一定的作用。但是在20世纪70年代，由于美国科学技术的发展处于低潮、在国际市场上的出口贸易份额有所减少、美国实体经济的发展缺乏增长点，美国经济出现了"滞胀"的局面，70年代中期，美国养老保障制度的问题和弊端开始显现。此时，扩张的财政政策和货币政策不再奏效，不能够有效解决美国经济"滞胀"问题，难以刺激美国经济的增长。1981年，里根政府认为造成经济恶性循环的根本原因在于国家对经济的过度干预，这种干预限制了美国的市场经济活力。为了能够减缓"滞胀"的局面，里根政府改弦易辙，通过稳定货币供应量、减轻税负、缩减开支、减少政府干预四个方面来恢复经济的增长。大力减税和增加储蓄的宏观调控政策是里根政府解决经济"滞胀"的主要措施。此时，401（k）计划及税延政策与此宏观政策方向相同，力度相当，客观上宏观政策促进了401（k）计划快速发展。

3．发达的资本市场

由于美国的公共养老金制度替代率较低并且已基

本定型，因此劳动者对具有补充性质的企业年金有着较大的需求，为数众多的保险公司、基金公司对开发企业年金等补充保障产品有着很强的内生动力，同时美国高度发达的市场主体以及激烈的竞争环境对401（k）计划发展有着重要的推动作用。美国发达的资本市场为养老金的长期投资提供了丰富的可选投资工具，健全的法律法规体系和监管体系以及发达的信托文化为401（k）计划的发展创造了适宜的市场环境。另外，401（k）计划不但具有税收平滑的作用，而且还具有投资免税的效应，能够对美国企业年金的快速发展产生强大的推动力，因此，401（k）计划在20世纪70年代末起步，到80年代末逐步成为仅次于国家养老金的第二大养老基金，居于美国养老体系的次要地位。401（k）计划在降低第一支柱养老保险财政压力等方面贡献巨大，并且有力地推动了美国金融结构变迁，促进美国经济的发展。近40年后，401（k）计划已经发展成为美国最常见的缴费确定型计划（DC）。

4. 顺应改革发展趋势

401（k）计划经过40余年的发展，从次要、补充地位快速崛起为美国企业年金中无可替代的中流砥柱，根本原因在于401（k）计划能够顺应经济结构转型的趋势，符合企业养老金改革和发展的方向。随着经济的快速发展，美国人口老龄化趋势不断加剧，现收现付制的公共养老金体系有着巨大的社会压力。第一支柱养老金难以维持体面的退休生活，需多支柱补充和提升养老金水平已成社会共识。为缓解养老问题给政府财政带来的负担，美国掀起了养老金改革浪潮。养老保障体系演变的基本趋势是：由公共管理向私人管理、由国家责任向个人责任、由政府主导向市场主导的改革过程。主要体现在三个方面：一是鼓励私人养老金的发展，减少公共养老金的比例；二是公共养老金与私人养老金融合发展；三是政府责任的界定进一步趋于整合设计。一般来讲，国家对公共养老金计划的主要责任是提供兜底性的社会保障，并保证其资金来源的可持续性；对私人养老金计划的责任则主要是通过给予税收等方面的政策支持，并加以社会监督来保障其平稳运行。正因为 401（k）计划是将员工养老责任分担到政府、企业、个人三方的典型设计，顺应了美国养老保障计划的改革方案，所以得到了较快的发展。

（二）政策演进历程

如前所述，经过 40 多年的发展，美国现行养老金体系逐渐形成了多层次、复杂的"三支柱"格局。"第一支柱"是社会保障计划，是由美国政府为全社会提供的最基本的养老保障，包括各种社会福利和社会保险，如老年保障、遗属和残障保障等。"第二支柱"是指职业养老金计划，包括公共部门和私营养老金计划组成的职业养老金两种，前者是由政府（包括联邦政府、州政府和地方政府）及非营利机构为雇员提供的职业养老金计划，具有福利性质。后者是由营利性企业的雇主出资为雇员建立的企业年金计划，具有自愿性质，其中 401（k）计划最受欢迎。"第三支柱"是指个人储蓄养老保险，包括个人退休账户和商业养老保险。按照美国现行规定，所有 70 岁以下且有收入者都可以开设个人退休账户，不论其是否参加了其他养老金计划（张梦云、曹玉瑾，2016）。

1. 初建时期（1974—1981 年）

1974 年，美国政府通过了《雇员退休收入保障法案》（*The Employee Retirement Income Security Act*，简称 ERISA 法案。），其中部分条款对 DC 计划的内容进行了修订，以此来保障雇员晚年的收入水平，该法案的通过为401（k）计划的出台奠定了良好的基础。1978 年，美国《国内税收法》新增第 401 条 k 项条款，401（k）计划由此诞生，该计划提出了为雇员设立的税收递延的养老计划，并通过税收优惠政策鼓励雇主为雇员设立退休金计划。1978 年，私人企业和一些非营利组织根据《国内收入法》为雇员推出了延税养老金计划。1981 年，美国国税局建立了 401（k）条款说明的概述，使得 401（k）计划更加实用。该条款规定，员工可以使用其正常工资来支付和享受税收优惠。因此，雇员自愿将其正常工资收入的一定百分比投资到由其雇主发起和建立的养老金计划中。为了使 401（k）计划的税收优惠得到充分发挥，美国国税局制定了非歧视性原则，以防止雇主养老金成为高收入群体的利益。

2. 缓慢成长时期（1982—1995 年）

从 1980 年初到 1990 年中期，大多数雇主将 401（k）计划视为对传统 DB 计划的重要补充。在此期间，美国的法律政策和监督机制对 401（k）计划的快速发展造成了一定程度的阻碍。1982 年通过的《税收公平和财政责任法案》（*Tax Equity and Fiscal Responsibility Act*，TEFRA）大大降低了缴费确定型（DC）计划中雇主和雇员的最高年度缴款额度，要求总缴款不超过 30000 美元。1983 年，美国国会废除了免税政策，要求所有雇员在该账户中的缴费都要纳税。1984 年，美国财政部提议废除 401（k）计划，但最终没有通过。1986 年，《税制改革法案》重申，雇主和雇员的缴费总额不得超过 30000 美元，并且有效期为 17 年。同时，第一次明确规定每位员工的税前收入缴费限额为 7000 美元。在此期间，经济政策环境减缓了 401（k）计划的发展进度。

3. 迅速发展时期（1996—2005 年）

在此期间，美国企业年金的法律和监管环境有了较好的改善。1983 年，雇主发起的 401（k）计划中只有 38% 的雇员选择加入该计划。2003 年，参加 401（k）计划的员工比例增加到 70%。一方面，随着 401（k）计划框架的改进设计，员工的参与度也在快速增长。另一方面，人们普遍认为 401（k）计划对退休员工的储蓄和养老功能变得越来越重要，而不是次要和补充的作用。1996 年，美国国会颁布了《中小企业就业保护法案》（*Small Business Job Protection Act*），以刺激中小企业的发展。1998 年，美国国税局批准了新员工自动加入 401（k）计划，并在 2000 年批准了现有员工自动加入计划，这在一定程度上扩大了养老金的覆盖范围。2001 年《经济增长与税收减缓妥协法案》（*Economic Growth and Tax Relief Act*）的颁布促进了 401（k）计划的迅速发展。法案中的新规定包括逐步放宽参与 401（k）计划的员工的最高缴款额度，实施追加缴费制度，以及逐步提高参加固定缴费计划的员工的最大支付限额，制定 TEE 类税收优惠账户等。该法案于 2006 年正式执行，进一步凸显了 401（k）计划的税收优惠。

4. 新发展时期（2006 年至今）

2006 年颁布的《养老金保护法案》（*Pension Protection Act of 2006*）为 401（k）计划带来了新的发展时期。该法案在加强税收优惠待遇的同时，还提出了新的法规。该法案再次明确了鼓励雇主对员工实行自动加入机制。除非员工明确表明自动退出计划，否则他们将自动参与养老金计划。雇员不愿意参加计划的，可在首次缴费后 90 日内申请撤回。同时，该立法还努力打破不同地区的劳动法障碍，并为雇主提供了法律保护，以此来推动自动加入机制的推广。此外，该法案还设计了"合格自动缴费安排"，该法案规定，如果员工没有自主选择缴费率，则统一按照默认的缴费率进行缴费，并要求雇主进行合理的匹配缴费存入员工的养老金账户。如果员工个人未主动提出投资决定，其账户的资金会自动投资于合格的默认投资组合，雇主投资于默认投资组合可免除受托责任。"合格自动缴费安排"于2008年生效，其在运行期间，美国政府不断对其进行修改以反映当前的经济形势。2013年通过的《SAFE退休法案》（*SAFE Retirement Act*）提出取消401（k）计划自动合格默认缴费率最高10%的上限，以增加员工的退休储蓄。

（三）401（k）计划的运行现状

1. 401（k）计划的规模

截至2020年12月31日，美国养老金资产总额为34.9万亿美元，养老金资产占美国所有家庭金融资产的33%。缴费确定型（DC）计划持有9.64万亿美元的资产，主要包括401（k）计划、403（b）计划、457计划、联邦储蓄计划（TSP）和其他私营部门的固定缴款计划。其中，401（k）计划拥有6.73万亿美元资产，在缴费确定型（DC）计划资产中占比最大，为69.78%。由教育和某些非营利组织提供的403（b）计划持有1.19万亿美元的资产。此外，457计划和TSP总共持有1.12万亿美元。其他没有401（k）计划功能的私营部门养老金计划持有剩余的0.6万亿美元（ICI，2020）。

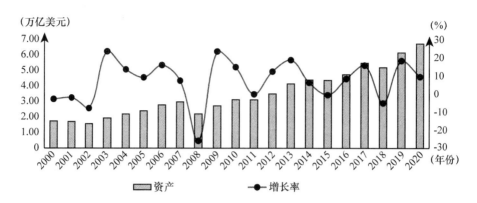

图 2-1　2000—2020 年 401（K）计划资产规模和增长率变化情况

资料来源：根据美国国内收入署（Internal Revenue Service，IRS）有关数据绘制。

　　从总体来看（见图 2-1），自 2000—2020 年，401（k）计划资产规模从 1.74 万亿美元增长至 6.73 万亿美元，除了受 2008 年全球金融危机影响而出现明显跌落，该计划的资产规模基本保持了较为快速地增长，多数年份外增长率维持在 10% 以上，很好地实现了基金的积累。此外，2006 年和 2013 年相关法案的颁布都有效地刺激了企业与雇员的参与积极性。

　　从账户余额与雇员年龄的关系来看（见表 2-1），401（k）计划账户余额随着参与者年龄和工作时间的增加而增加。在相同的任期内，随着年龄的增长，参加该计划的雇员中，401（k）个人账户平均余额呈增长趋势，其中 2018 年 40—49 岁年龄组个人账户平均余额是 30—39 岁年龄组账户平均余额的 1.88 倍，50—59 岁年龄组个人账户平均余额是 40—49 岁年龄组账户平均余额的 1.56 倍。另外，401（k）账户平均余额也极大地受到雇员任期的影响。2018 年末的数据显示：有 2—5 年任期的 40—49 岁参与者，401（k）计划账户平均余额为 3.6 万美元；而超过 30 年任期的 60 岁以上参与者，401（k）计划平均账户余额为 30.6 万美元。

表 2 - 1　　　2018 年按参与者年龄和任期划分的 401（k）
计划账户平均余额　　　　　　　　　　　　　　　　（美元）

年龄组别	任期时间（年）					
	（0 - 2]	（2 - 5]	（5 - 10]	（10 - 20]	（20 - 30]	＞30
20s	4160	11705	19513			
30s	10401	22982	41954	67012		
40s	19580	36304	64497	118069	166341	
50s	30475	49093	80788	136701	238898	301863
60s	46457	60161	83596	118839	197326	306214

资料来源：ICI，"401（k）Plan Asset Allocation，Account Balances and Loan Activity in 2018"，https://www.idc.org/pdf/per27-02.pdf。

在过去的 40 年里，401（k）计划已经成为美国退休计划中最受欢迎的私人部门雇主资助计划。通过对 EBRI/ICI 401（k）数据库对 2010 年底到 2018 年底的 8 年间的 190 万参与者进行研究，笔者得出了一些关键见解。从 2010 年到 2017 年底，长期参保者的 401（k）计划账户平均余额每年都在上升，2018 年略有下降。总体而言，2010 年至 2018 年，账户平均余额以 13.9% 的复合年平均增长率增长，从 2010 年的 63756 美元增至 2018 年底的 180251 美元。在此期间，长期参与者的 401（k）计划账户余额中位数以 17.3% 的复合年平均增长率增长，截至 2018 年底达到 9015 美元。

2.401（k）计划投资范围和收益

美国资本市场可供选择的投资工具较为丰富，法律法规体系和监管体系比较健全，这些都为养老金的长期投资提供了适宜的市场环境。目前，美国401（k）计划的投资对象主要分为七类：股票基金、目标日期基金、非目标日期平衡基金、债券基金、货币基金、担保投资契约或稳定价值基金和公司股票。参与人账户余额的资产分配情况因401（k）参与人年龄不同而有很大差异。投资回报随401（k）计划账户资产配置而变化，也会影响参与者账户的变化。资产的配置情况会随着年龄而变化，越来越多的家庭认识到股票投资的潜在回报较高，风险承受能力不断增强，进而加大了对股票投资的比重。总的来说，在2018年底，股票、股票型基金、目标日期基金的股票部分、非目标日期平衡型基金的股票部分和公司股票约占401（k）计划参与者资产的2/3。截至2020年12月底，401（k）计划资产总额为6.73万亿美元，其中4.42万亿美元的401（k）资产以共同基金形式被持有，比例高达65.68%，可见共同基金是401（k）资产投资于市场的主要形式。美国较为成熟的资本市场环境和较低的共同基金托管费用给401（k）计划带来了较高的收益回报。

ICI（美国投资公司协会，The Investment Company Institute）调查数据显示（见表2-2），与年长的参与

表 2 - 2　　　2018 年不同年龄段参与者 401（k）账户资产配置情况　　（%）

年龄组别	股票基金	目标日期基金	非目标日期平衡基金	债券基金	货币基金	担保投资契约/稳定价值基金	公司股票	其他	未知	合计投资股票占比
20s	19.9	55.6	3.0	2.8	1.4	2.2	6.2	7.1	1.8	77.9
30s	35.6	37.8	3.0	4.1	1.2	3.1	7.8	5.7	1.8	78.7
40s	43.6	25.8	3.8	5.4	1.6	4.6	7.9	5.4	1.9	74.0
50s	42.4	21.7	4.5	7.1	2.6	7.4	7.6	4.8	2.0	65.3
60s	36.4	21.2	4.7	8.9	3.2	12.3	6.3	4.7	2.3	54.8
所有	40.6	23.5	4.3	7.0	2.4	7.8	7.3	4.9	2.1	65.4

资料来源：Investment Company Institute，"Changes in 401（k）Plan Account Balances，2010—2018"。

者相比，年轻的参与者将更多的投资组合配置在股票上。根据 EBRI/ICI 的研究，在 2018 年底，20 岁左右的参与者将他们的 401（k）资产的 77.9% 投资于股票（包括股票基金、公司基金、平衡基金的股权部分、非目标日期平衡型基金的股权部分），而 60 岁左右的人把他们的 401（k）资产的 54.8% 投资于股票。可见401（k）计划的资产配置从原先的较为单一、保守逐渐向多元化、平衡式投资策略的方向发展。

3. 引入"自动加入"机制

"自动加入"机制是指雇员无须主动向雇主提出养老金计划申请，就已经被自动认为参加了该计划。"自动加入"机制在很大程度上提高了中小企业的养老金参保率，极大地鼓励了新员工加入养老金体系。自2006 年《养老金保护法案》提出鼓励"自动加入"的政策以来，"自动加入"政策在 401（k）计划中得到广泛应用。2007 年，实施自动加入的 401（k）计划所占百分比达到36%，2015 年增长至61.7%。因此，自动加入机制是一个可行的手段，起码最大限度地靠近了理想状态（齐传钧，2020）。

在投资选择方面，当前的美国投资选择实行"有限"自由化模式，允许员工在一定范围内的"养老金产品"中自由选择，极大地优化了针对不同年龄个体的资产配置。当前，401（k）计划平均提供20 多种投资选择，投资者可以建立多样化的投资组合来满足其投资需求。美国曾经实行过"无限"的投资选择自由化，但是由于许多员工没有根据年龄和风险偏好进行有效的资产分配，导致资产经常面临巨大风险。所以美国政府在 2006 年通过的《养老金保护法案》实施了一种改进的"有限放开"模式，对降低投资风险有着明显的成效。

《养老金保护法案》规定，雇主在启动企业年金计划时必须提供"合格默认投资工具"，否则将被视为违法行为。目标日期基金、平衡基金、管理型账户等是美国的"合格默认投资工具"的主要类型。目标日期资金正越来越受到员工的青睐。401（k）计划或其他退休计划的参与者只需选择最接近其退休日期并最适合其风险的产品，其余工作留给投资经理。经过 40多年的发展，目标日期基金的规模继续扩大。2019 年目标日期共同基金的净流入为 580 亿美元，年末净资产总额为 1.4 万亿美元。投资者对这些基金的兴趣与日俱增，根据 ICI 调查数据，目标日期基金占 401（k）计划投资的比例不断提高，并且各年龄段分组来看该比例也均有所提高。

（四）401（k）计划的基本内容及其特点

1. 基本内容

美国《国内税收法》及相关配套法律法规对 401（k）计划的发起、缴费、投资和领取等各环节都制定了明确规定，形成了一套完备的运行管理和监管体系。401（k）计划的基本内容包括以下几点。

（1）参加条件。年龄已经到了 21 岁且至少在公司服务 1 年（IRS，2020）。

（2）非歧视原则。实现员工普惠制，不得对高薪的职员实行特殊优惠。

（3）允许贷款。401（k）计划账户持有人可以从该计划中贷款，但缺点是需要缴两次税，一是归还至 401（k）账户中的是税后收入，二是退休提取时则还要再缴一次，并且贷款利息不可以税前扣除。2017 年，美国劳工部的数据显示未偿还贷款总额不到 401（k）计划资产的 2%。

（4）困难取款。困难取款仅限于支付庞大的医疗费用、成为残障人士或者失业满 12 周可提领支付健保费以及 55 岁以后离职、下岗、被解雇或提前退休等特殊情况。

（5）不得提前提款。只有符合以下条件才能从个人账户中领取养老金：员工退休、死亡、残疾或终止雇佣关系。雇员参与的 401（k）计划结束，并且没有转到其他后续的养老金计划。在 401（k）计划是利润分享计划的一部分的情况下，雇员达到 59 岁或遭受经济困难等。

（6）便携性和转移性。雇员在更换工作时，可以对其 401（k）账户有多种处理，既可以将个人账户余额转移至新企业［假定新企业也有 401（k）计划］，也可以将账户资金转至个人退休账户 IRA。

（7）领取规定。当雇员年满 59.5 岁，可以从账户领取养老金；年满 72 岁后每年必须取出一部分资金，且无法再向账户中存款，否则会对个人进行罚款。

2. 基本类型

（1）传统 401（k）计划。传统的 401（k）计划允许符合条件的员工（有资格参与该计划的员工）通过工资扣减进行税前选择性延期。此外，在传统的 401（k）计划中，雇主可以选择代表所有参与者缴款，或者根据员工的选择性延期缴款或两者兼顾。雇员必须在企业工作达到一定的服务年限，才能获得雇员匹配缴纳的资金。传统 401（k）计划要求根据该计划做出的贡献符合特定的非歧视要求。为了确保计划满足这些要求，雇主必须进行年度测试，称为实际延期百分比（ADP）和实际缴费百分比（ACP）测试，以验证递延纳税和雇主匹配缴费是否有利于高薪酬员工。

（2）安全港 401（k）计划。安全港 401（k）计划同样适用于任何规模的雇主，这点与传统的 401（k）计划一致。但是，它规定雇主的缴款在做出时完全归属于雇员，雇主每年必须做出匹配缴费或非选择性缴费的安排。安全港 401（k）计划不受适用于传统 401（k）计划的复杂年度非歧视测试的影响。

（3）简单 401（k）计划。简单 401（k）计划的建立是为了让小企业能够有一个有效的、具有成本效益的方式来为他们的员工提供退休福利。简单 401（k）计划不受年度非歧视测试的约束。与安全港 401（k）计划一样，要求雇主缴纳完全归属的雇主缴款。这种401（k）计划适用于拥有100名或100名以下雇员的雇主。参加简单401（k）计划的雇员，不能从雇主那里获得任何其他养老金计划的赞助缴款。也就是说，雇员一旦从简单401（k）计划获得了雇主的资金支持，就不能从其他养老金计划中获得雇主更多配套资金了，这也是为了减轻雇主的社会负担。

（4）罗斯401（k）计划。罗斯401（k）计划不同于上述养老金类型，该计划允许参与者将税后的收入存入账户，但退休后领取资金时将免税，即当期缴税的 TEE 模式。

3．相关组织在401（k）计划中的角色

美国《国内税收法案》规定，营利性企业无论其规模大小都可以设立401（k）计划，为雇员建立基于信义义务①的投资账户。401（k）计划的建立、运营、管理涉及的主体包括：

（1）承办人。即建立401（k）计划的雇主，雇主需要在诚实守信的基础上，充分保护雇员的合法权益并为雇员提供多种投资组合。

（2）受托人。既可以来自企业内部雇用的退休计划专员，也可以是外部聘请的金融公司等。《雇员退休收入保障法》要求受托人严格履行"审慎者原则"，

---

① 信义义务，是一项法律原则，源于英美法系的衡平法的信托领域，指的是一方有义务为另一方的最大利益行事的义务，旨在确保受托关系各方适当行事。养老金领域的信义义务，一般是指市场主体在遵守受托责任或信托义务的前提下，以审慎态度为委托人的私人养老金账户进行资产管理，进而实现养老资产保值增值。

充分保护该公司 401（k）计划全体参加者的根本利益，坚持谨慎性原则。受托人需要为其忽视、放弃或违背审慎者原则的行为承担法律责任。

（3）托管人。可以是银行或其他金融机构，主要职能是集中管理 401（k）计划账户中的资金，按每个雇员的要求进行投资并且向已经退休的雇员定期发放退休金。

（4）投资管理人。主要指金融服务公司，如共同基金公司、保险公司、经纪人公司、银行等，可以为雇主及雇员提供投资产品或定制投资组合。

（5）账户管理人。负责雇员 401（k）计划账户资金缴费、投资与收益的记录与管理，承办人可以将该工作进行外包，或者由投资管理人负责。

在实际业务活动中，大型的金融集团可能会在一家公司同时承担托管人、投资管理人、账户管理人等不同职能。

4. 核心特点

（1）具有灵活性。第一，自愿参与。401（k）计划是一项将雇员工资的自愿扣除额和雇主的自愿缴费相结合的协议计划。这是一种非强制性的养老金制度。雇员自愿选择缴费的百分比，只要总额不超过限额即可。第二，投资方式灵活。401（k）计划充分体现了雇员的自主性，企业向员工提供多种证券投资组合，由员工自由选择投资，收益和风险均由员工自己承担。雇员可以选择稳健型的投资工具，保证资金安全，也可以选择高收益高风险的投资工具，可供该计划选择的投资方式有很多种，包括股票和基金、债券、银行存款等（王一惠，2016）。第三，资金领取条件灵活。除了通常的退休、死亡和严重残疾等正常领取条件外，美国401（k）计划还允许员工在退休前面临子女教育、医疗费用等特殊情况下进行"困难取款"，但是必须支付相应的个人所得税和10%的罚款税。除此之外，越来越多的公司为员工提供贷款功能，通过审核的员工可以贷款，来解决他们的临时融资需求。

（2）缴费可在税前列支。传统401（k）计划实行即 EET 税制。根据该计划的规定，雇主向雇员缴纳的养老金以及雇员自己向401（k）账户缴纳的养老金都可以免除纳税，员工退休后领取时再纳税。这意味着401（k）计划减免了员工的当期所得税，存款和收入越多，征收的税款就越多，但是该计划是雇员领取养老金时要征税，但此时员工已经退休且其收入低于其工作时收入，税基和税率有所降低。因此，401（k）计划通过减免雇主和雇员的税收，在一定程度上促进了美国补充养老金计划的发展。

（3）资金独立，由专业机构运行。401（k）计划参与者账户上的资产必须与所在企业的资产分开，投资环节则有专业的理财人士参与，根据 ERISA 法案的"审慎者原则"，受托人会选择相对安全并兼顾收益的投资方式，投资专员会就目前投资收益、工具详细告知雇员，并对各种投资工具的风险和回报率水平进行预测，制定更为合理的投资方案，而这块费用都是由雇主支付的。

（4）转移性。如果雇员要离开原来的雇主公司，跳槽到新的公司，原 401（k）账户上的资金可以一起转移，也可以将 401（k）账户上的钱转移到养老金账户或是其他账户，如 IRA 账户。

（五）401（k）计划的税收优惠和监管

1. 税收优惠

如前所述，按照传统 401（k）计划的 EET 税制，雇主为职工的养老年金存款 15% 以内的部分可以免除纳税；雇员用于 401（k）账户的资金，减免了雇员的当期所得税，而且到领取退休金时有特殊的税率优惠，税基和税率都相应地降低。

雇主和雇员缴费可税前列支，等雇员在规定年龄领取时才算收入。为防止滥用税收优惠，保证政府的税收不至于流失太多，最初雇主在雇员 401（k）退休计划投入资金的上限是雇员年收入的 6%。该比例随着经济的发展不断调整，到 2020 年，美国国税局规定雇主对固定缴款计划（利润分享计划或货币购买养老金计划）缴款的扣除额不得超过当年向参与该计划的合格员工支付（或应计）薪酬的 25%。雇员个人缴费的免税上限根据《经济增长和税收减免协调法案》（EGTRRA 法案）的要求与通货膨胀挂钩，2020 年和 2021 年上限是 19500 美元，若年满 50 岁则为 26000 美元（每年会根据通胀定期调整）。

为帮助年轻时没有进行充分养老储备的雇员进行养老积累，美国允许 50 岁及以上的纳税人补缴保险费 6500 美元，相当于比低于 50 岁的纳税人多享受 6500 美元的年税前抵扣额度。401（k）计划待遇领取条件是如下之一：年满 59.5 岁；死亡或永久丧失工作能力；发生大于年收入 7.5% 的医疗费用；55 岁以后离职、下岗、被解雇或提前退休。如果在 59.5 岁之前提取账户资金，收入将按照普通收入纳税并缴纳领取待遇收入 10% 的罚款，如果在开始参与后 2 年内提取资金，附加税将增加到 25%。但允许计划贷款和困难取款。雇员在年满 70.5 岁时，必须开始从个人账户中取款，否则将对应取款额按 50% 的税率征税。

2. 监管体系

运行至今，美国已经逐渐形成一套独特而较为完善的监管体系，美国劳工部、财政部、证券交易委员会、银行、保险监管机构及国税局为 401（k）计划发展保驾护航，都承担着重要的监管职能，但各部门的角色和目的不同。

劳工部处于 401（k）计划监管的核心，其监管的主要依据是 ERISA 法案。劳工部负责对计划受托人、账户管理人、托管人和行政管理人的行为进行监督，防止资金滥用，确保账户资金的稳健性和安全性。同时为避免投资不当和提高雇主责任意识，要求定期为计划成员提供账户信息，切实保障雇员合法权益。401（k）计划每年都要向劳工部上交包括企业年金计划财务详情的年度报表，劳工部负有对 401（k）计划按时上交年度报表和财务进行审计的监督和监控责任。劳工部还对受托人的职责和禁止幕后交易等规定的执行情况进行监控。如果 401（k）计划的受托人违反了"审慎者原则"或参与了违规交易，美国劳工部有权代表计划参加者对该受托人提起公诉，向受托人索回因其违规行为对计划资产造成的经济损失。

美国财政部基于《国内税收法案》和 ERISA 法案授权，负责对 401（k）计划税收优惠政策的制定。财政部及其下属的国内收入署负责企业年金计划税优政策的贯彻和落实。税务局内部设有专门的 401（k）计划监督管理部门，对 401（k）计划是否符合税收优惠的各项条件和要求，进行严格控制和检查。财政部及国内收入署负责税收优惠政策的贯彻落实，明确规定雇员缴费上限，针对提前支取或困难提取等情况明确规定惩罚措施。各部门监管职责明确，全力配合，对制度发展起到了润滑剂的作用。

美国证券交易委员会、银行、保险监管机构从专业监管角度，根据《证券法》《证券交易法》《投资公司法》和《投资顾问法》对 401（k）计划的投资对象如证券、共同基金、保险产品和提供相关服务的金融服务机构进行法律制约。

（六）401（k）计划发展成功的条件

1. 政府应在企业年金的发展过程中扮演关键角色

以401（k）计划为代表的美国私人养老金体系逐渐发展壮大，已经成为美国养老金体系的中坚力量。政府对401（k）计划框架设计的创新和改进是促进该计划快速发展的重要动力，通过深入分析计划参与者的需求，制定有利于企业和员工双方的税收优惠政策。实践表明，匹配缴款并提供贷款条件的雇主可以显著提高员工对计划的参与度。另外，政府监管机构大力推广简化启动公司养老金的步骤，降低管理成本，并鼓励更多的中小企业设立公司养老金，规范金融机构和企业发起人的市场行为，以最大限度地满足参与者的需求，提高了401（k）计划在中小企业中的覆盖率。政府要求企业提供多种投资组合并建立了"自动加入"机制，极大地提高了员工的参与度。

2. 资本市场是401（k）计划发展的重要推手

美国发达的资本市场在401（k）计划的发展中起着积极作用，401（k）计划中超过一半的资产投资于资本市场，这不仅增加了投资收益率，还有助于美国资本市场的完善，改善公司的治理结构。401（k）计划的发展离不开发达的美国资本市场的支持，金融市场创新不断增加了产品的多样化并降低了投资成本，刺激了更多居民进入股票市场。同时，雇员在参与各类养老计划的时候，不可避免地会接触到共同基金和股票市场，这也促进了投资文化的传播和投资者教育的普及，许多美国家庭是通过养老金投资进入资本市场。在此过程中，参与退休金计划的人员对股票文化和信托文化有了更好的了解。中小型投资者对美国股票市场的中长期发展完全充满信心，提高了人们参与养老金计划的积极性。金融机构为参与者提供401（k）计划的多种投资组合及投资知识，主要体现在服务创新和产品创新上。共同基金开展广泛的投资教育活动，以帮助投资者更好地管理其投资账户并优化其分配结构。为了促进投资，共同基金对新型基金进行了革新，例如目标日期基金和生命风格基金等，这些新型基金在401（k）计划参与者中很受欢迎。在早期阶段，401（k）计划的发起人平均为参与者提供3—5种投资组合产品，但目前提供的投资组合数量平均增加到20多种，为他们提供了更多的投资选择。

3. 企业年金向缴费确定型（DC）计划转变的潮流

经过 40 年的发展，由待遇确定型（DB）计划向以 401（k）为代表的缴费确定型（DC）计划的转变成为大潮流。到 2020 年，美国 401（k）计划的活跃参与者人数高达 4700 万，相对而言，DB 型计划参与人数下降至 2100 万，其他 DC 型计划参与者只有 800万人。从美国企业年金发展的实践中看，越来越多的雇主已不再采用 DB 型计划，或者已不再接纳新的 DB型计划成员，所有新设立的计划主要为 401（k）计划。并且，越来越多的 DB 型计划由于公司破产或资金原因已发生了资不抵债的情况，为此，美国政府专门设立了养老金保护基金用于接管破产的 DB 型计划。DB 型计划走向衰败并退出历史舞台是不可逆转的趋势。401（k）计划强大的生命力源自它们顺应经济结构不断转型的历史趋势，契合企业年金改革和发展的方向。401（k）计划对新兴企业尤其有利，它能有效地降低企业的养老成本，并提高劳动力市场的弹性，进而增强经济竞争力。随着社会环境的变化，劳动力市场的流动性增强，也使得以可携带性为特征的 401（k）计划受到越来越多雇员的青睐。

4. 税收优惠政策是 401（k）计划发展的重要刺激手段

税收优惠政策是政策制定者鼓励退休者为自己退休储蓄的间接激励政策。

为促进 401（k）计划的快速发展，美国政府规定满足一定条件的 401（k）计划享受税收优惠，EET 税收模式下，长达几十年的股息、利息收入等复合递延税收起到了良好的激励作用。雇员在 401（k）账户的缴费和投资收益均免税，直到退休后从账户领取养老金时才对账户总额（包括利息红利附加增值）上缴个人所得税。一般而言，雇员 401（k）账户维持的时间越长，实际享受的税收递延收益就越多。税收优惠政策通过发挥杠杆作用调动各方力量，提高了雇主和雇员的积极性。

由于美国个税覆盖广，税收优惠对参与保险计划的激励较强。美国的绝大多数劳动年龄人口都是个人所得税的纳税人，个人所得税的人群覆盖面非常广泛，意味着绝大多数劳动者都是个人所得税优惠的实际受益人，进而意味着第二、第三支柱的养老保险计划的税延激励具有广泛的受众基础。

而且，美国税延型养老保险投资产生的收益免于征收资本利得税，这是美国人加入第二、第三支柱养老保险计划的又一激励。也就是说，参与保险计划不仅可以从个税方面享受优惠，还可以降低资本利得税，再加上美国社会各类资产投资非常普遍的现实情况，从而整个社会对第二、第三支柱养老保险的接受度非常高。

2020 年，美国投资公司协会进行了一项美国人对 401（k）计划以及他们对一些拟议中的政策变化的态度调查，76% 的美国人对 401（k）和类似的退休计划账户有良好印象。在发表意见的个人中，88% 的人对 401（k）计划印象良好，41% 的人认为他们对 401（k）计划印象"非常好"（Holden 等，2021）。个人退休金账户和养老金固定缴款计划账户已成为美国退休生活的一个普遍特征。美国半数以上的退休资产都存在这样的账户里，退休账户的重要性不断上升。

5. 市场化的运行模式和完备的外部监督体系

充分竞争是美国 401（k）计划投资管理的基本组织原则，也是保证投资效率、降低风险的基本手段。

竞争迫使各个投资机构必须以各种方式提高投资质量、降低成本和内部风险。完备的监管服务体系是推动401（k）计划快速发展的内在动力。美国监管部门对401（k）计划从发起、缴费、投资到领取等过程建立起一套完备的外部监管体系，实现对养老金管理工作的全方位指导和监督。美国401（k）计划市场化的运行模式实现了计划参与者对其账户资金的投资支配权，企业与雇员之间权责利关系得到完全分离，建立了以计划参与者为导向的投资管理模式。投资者根据自身状况，能及时调整各自的投资组合选择，真正选择符合自身状况的投资与风险的最佳组合。

市场化的运行模式提高了雇员对401（k）计划的参与率，雇员将一定比例的工资缴入自己的401（k）账户，雇主也需向雇员401（k）账户进行缴费，且缴费额度具有一定的灵活性和自主性。为了提高参与率，不少401（k）计划设置了雇主为雇员匹配缴费以及自动加入机制。1983年，在企业发起的401（k）计划所覆盖的雇员中，只有38%的雇员选择参加计划。2020年，雇员参与401（k）计划的比率攀升至69.78%。雇员参与率大幅上升，一方面是因为401（k）计划的框架设计更加完善；另一方面是因为人们普遍认识到401（k）计划的储蓄养老作用日益重要，而非次要的、补充性的养老计划。

三 美国其他税延型养老保险计划的优点及不足

美国养老保障体系主要包括三个支柱：第一支柱是政府强制建立的联邦公共养老金，即美国社会保障信托基金；第二支柱是雇主发起式养老金计划，可大致分为待遇确定型（DB）和缴费确定型（DC）两类。前者包括私人部门 DB 型计划、州和地方政府 DB 型计划、联邦政府 DB 型计划，后者包括 401（k）计划、403（b）计划、457 计划、TSP 等。也就是说，本报告主要研究的 401（k）计划是第二支柱的缴费确定型（DC）的一个。本部分继续对 DC 的 403（b）计划、457 计划进行介绍。第三支柱为个人自愿建立的个人退休账户计划（IRA），是政府提供税收优惠政策，引导纳税人自愿进行养老储备，以补充和衔接第二支柱的一种养老金制度安排，本部分也将对 IRA 进行详细介绍。

（一）401（k）计划以外的美国第二支柱职业养老金

1. 403（b）计划

403（b）计划的运作与税收待遇和401（k）计划十分相似，但又不完全相同。首先，403（b）计划是公共教育机构和一些非营利组织提供给职工的退休年金计划，只有免所得税的组织或机构，如政府部门、教育（公立学校）或慈善机构、部分非政府组织（NGO）以及其他免税组织才有资格主办或资助403（b）计划，其投资方式和401（k）计划不完全相同，投资种类也相对较少。参加403（b）计划的雇员将其年薪的一部分通过纳入雇主的403（b）计划，其缴纳的金额从当期应税收入中扣除而达到减税的目的。该计划可获得税收延迟地位，其缴款由单位和个人共同缴款，缴款结构可任意变化，或完全由单位缴款，或完全由个人缴款。如果个人在寻找节省退休金的方法，并且在非营利部门工作，那么可以选择403（b）计划。

（1）建立限制。个人和个体户不可以建立自己的403（b）账户，只有雇主才能设置403（b）账户。参与学校日常运作的公立学校的员工以及其他非营利组织的员工都有资格参加403（b）计划，非受雇于上述组织中的雇员不可以参加403（b）计划。

（2）缴费额度。每个员工为403（b）账户的供款总额是有限的。年度缴费额度通常是以下两者中的较小者：2021 年是 58000 美元（2020 年为 57000 美元），包括雇主的供款和自己的供款，或者是雇员当年薪酬收入总额的 100%。

（3）免税额度。在 2020 年和 2021 年，存入 403（b）账户资金的免税上限是 19000 美元，50 岁或以上的参与者可以在此基础上多扣除 6500 美元。

（4）取款规则。个人可以在 59.5 岁时开始从账户中提款。如果提早提取资金，则需要为提早提款支付罚款。在 70.5 岁之后，美国国税局要求每年从账户中提款。

截至 2020 年底，403（b）计划共有资产总额 1.189 万亿美元，占缴费确定型（DC）计划的 12.34%，近五年 403（b）计划的资产总额逐年增加。多数 403（b）计划为员工提供了多种投资选择，包括股票、债券、共同基金或年金。但是如果刚开始职业生涯，则可以决定购买股票等投资。随着时间的流逝，退休的临近，可能会选择其他投资，例如共同基金。人寿保险公司是该计划的主要投资机构，近五年的占比都接近 50%，其次是非变动年金共同基金，略高于变动年金共同基金的占比（见表 3 - 1）。

表 3 - 1　　　　403（b）计划按机构类型划分的资产总额及占比

单位：十亿美元；%

年份	人寿保险公司		VA[①]共同基金		非 VA 共同基金		总资产
	总额	占比	总额	占比	总额	占比	
2016	462	51.45	223	24.83	213	23.72	898
2017	481	48.54	250	25.23	259	26.14	991

---

① VA 指 variable annuity，变动年金。

续表

年份	人寿保险公司		VA 共同基金		非 VA 共同基金		总资产
	总额	占比	总额	占比	总额	占比	
2018	508	52.43	219	22.60	242	24.97	969
2019	535	49.26	255	23.48	296	27.26	1086
2020	572	48.11	279	23.47	338	28.43	1189

资料来源：笔者根据美国投资公司协会（ICI）有关数据绘制。

2．457 计划

在州和地方政府以及一些免税组织工作的个人可能有资格参加 457 计划。这种类型的账户旨在帮助政府和非营利组织的员工为退休储蓄。457 计划与 401（k）计划非常相似，只不过它们仅适用于公共部门的工人，比如警察、消防员、高中老师、州立大学的雇员或在公共部门中担任其他职务的人员。该计划通常与州和地方政府提供的养老金和其他养老金计划一起使用，雇主供款是允许的，但不是必需的。该计划是从工资中提取资金并将其存入账户后，它将减少整体应税收入。

（1）建立限制。该组织必须是州或地方政府或免税组织。非政府 457 计划必须限制高薪酬员工群体或高管、经理、董事或高级职员群体的参与。

（2）缴费额度。457 计划的供款限额在 2020 年底为 19500 美元。如果年满 50 岁，则可以在 457 计划中存入最高 26000 美元。只要总金额不超过指定的供款限额，最多可以将薪水的 100% 存入账户（IRS，2021）。但是如果离开工作单位，将无法在账户中存入更多资金。

（3）取款规则。必须在退休或满72岁才可以从账户中提取资金，457计划可以基于不可预见的紧急情况向参与者提供分配：参与者、参与者的受益人或参与者或受益人的配偶或受抚养人的疾病或事故、死亡以及其他类似特殊和不可预见的情况，均无经济惩罚。

截至2020年底，457计划资产总额为0.38万亿美元，占缴费确定型（DC）计划的3.98%。资产总额除在2018年略有下降之外，其余各年增长率均大于0，从总体上来看，资产总额呈上升趋势，近五年增长率最高达13.83%（见图3-1）。

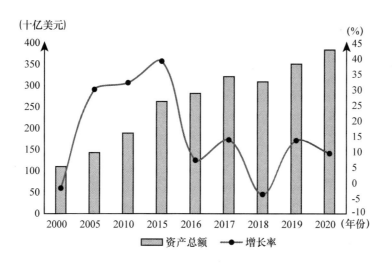

图3-1 2000—2020年457计划资产规模和增长率变化情况

资料来源：笔者根据美国国内收入署（IRS）有关数据绘制。

（二）美国第三支柱个人养老金
制度——IRA 计划

个人退休账户（IRAs）是一种个人自愿投资性退休账户。美国政府建立 IRA 的初衷是为当时无法享受 401（k）等企业雇主养老金计划的人员提供退休保障。与 401（k）等雇主补充养老计划不同，个人退休计划中不包含雇主缴费，因此其仅具有避税功能（郑秉文，2020）。目前，IRA 已经发展为美国养老金体系的最大支柱，它的发展与美国经济结构变化的总体趋势相吻合，扩大了养老金的覆盖范围，并减少了政府养老的压力，促进了美国资本市场的发展，提高了劳动力市场的灵活性，使美国经济更具竞争力。美国个人养老金制度在改革过程中主要采取渐进式方式（伍德安，2014），其独特的制度理念、设计框架和运作模式值得其他国家借鉴。

1. 背景

20 世纪 50 年代以来，美国的老龄化问题日渐严重。在当时的美国退休金保险制度下，基本养老保险制度的保障水平较低，美国居民的人均储蓄率有所下降，所以导致了美国的养老危机。70 年代美国经济处于滞胀状态，通货膨胀和失业率加剧制约人民生活水平的提升，雇主养老金计划还未完全普及，在此背景下，美国国会于 1974 年颁布了 ERISA 法案，历史性地创造出个人养老金账户，第一个目的是向雇主没有提供退休储蓄计划的雇员提供退休储蓄工具，尤其是在小型企业中工作的员工，使其享受税收优惠，增加养老保障资金。鼓励第二支柱养老金体系未涵盖的人们通过私人金融机构开设递延税款的养老金储蓄账户。第二个目的是便于已经参加雇主提供的退休储蓄计划的员工进行资产的转换。雇员在更换工作的时候可以将其原退休金计划中的资产转移到 IRA 账户中，并继续累积退休金。因此，IRA 账户不仅为员工提供了继续保存其职业养老金资产的渠道，而且还是自愿积累养老金储蓄的工具。IRA 账户对雇主发起的退休储蓄计划起到补充和强化作用，并促进了雇主发起的退休储蓄计划的发展（齐传钧，2018）。

2. 种类

IRA 账户可以分为传统 IRA 账户、罗斯 IRA 账户和雇主发起式 IRA 账户（Employer-sponsored IRA）。其中传统 IRA 账户和罗斯 IRA 账户最为流行，2020 年底分别占到美国家庭总数的 28.6% 和 20.5%。IRA 账户和 401（k）账户类似，都是基于信义义务建立的投资账户。围绕 IRA 账户的建立，包括受托人、托管人、投资管理人、账户管理人等角色，受托人或托管人必须是银行、联邦保险的信用合作社、储蓄和贷款协会或经国税局批准作为受托人或托管人的实体，受托人或托管人一般不能接受超过当年可扣除金额的出资。美国个人退休账户发展至今包括五种类型，按照建立时间的先后分别是传统个人退休账户、简化个人退休账户、薪资抵扣简化个人退休账户、简单个人退休账户和罗斯个人退休账户。其中，简化个人退休账户、薪资抵扣简化个人退休账户和简单个人退休账户一般被视为"雇主发起的 IRA"，因此又可以归并为三种类型。

（1）传统 IRA 账户

美国根据 1974 年《雇员退休收入保障法案》建立个人退休账户。传统 IRA 税收优惠的基本方式是 EET 模式，即个人账户在缴费、投资阶段不征税，只在领取时才根据税法征收个人所得税。传统型 IRA 可由个人单独设立，也可由企业代为设立，但必须由个人委托符合条件的第三方金融机构管理账户。由于参保人在退休时的税率相对较低，因此个人在领取退休金时享受了延迟纳税和较低税率的双重优惠（路锦非、杨燕绥，2019）。

①建立限制。个人需要有收入，且年龄不得超过 70.5 岁。IRA 账户实际是一个资金托管户，在美国境内的银行、信用社、存贷款机构、美国税务总局核准的其他能够履行托管职能的机构都可以开立。个人可开立一个或多个 IRA 账户。

②缴费额度。为了避免当期财政税收大量流失，美国《国内税收法案》规定，无论个人收入多少，2020 年能够存入 IRA 账户的最高限额为 6000 美元（50 岁以上的参与者 2020 年最高限额为 7000 美元）。如果有一个以上的个人退休账户，该限额适用于代表所有传统个人退休账户当年的总缴款。

③免税额度。并不是传统 IRA 账户中的所有缴费

都可以享受免税，这取决于账户拥有者的收入、申报状态、是否加入了职业养老金计划等。2020 年度，已参加了职业养老金计划的单身个人修正年收入在 65000 美元以下的，传统 IRA 账户缴费全部免税；2020 年度，共同申报的已婚人士全部免税条件为修正年收入在 104000 美元以下；没有参加雇主养老金计划的传统 IRA 账户全部免税。

④取款规则。通常情况下，账户拥有者不得在 59.5 岁之前取款，若账户拥有者任意终止、变更资金用途或提前取款，账户内的资金将失去税收优惠，账户拥有者除了补交以前的税款之外，还需另缴 10% 的罚金，特殊情况除外（包括第一次购房、身体残障无法上班、发生没有补助的医疗费用账单等）。账户拥有者达到 59.5 岁以后，就可以从账户中取款，数量和次数都没有上限规定。

（2）罗斯 IRA 计划

20 世纪 90 年代以来，随着股票等多种投资方式的兴起，许多人希望在退休时从 IRA 中一次性提取大量现款用于投资或改变生活方式，如购置新的房产。如果一次性取款数额十分庞大，适用税率也将相应升高，结果反而得不偿失。针对这种情况，1997 年通过的《纳税人减税法案》①，对 IRA 体系引入了另一类税收优惠模式的 IRA 安排——罗斯 IRA 账户。罗斯 IRA 账户的税收优惠是 TEE 模式，即以税后收入缴费，但投

---

① *Taxpayer Relief Act of 1997*，该法案为美国《国内收入法》新增了第 408A 款——罗斯 IRA 账户，标志着罗斯 IRA 账户的诞生。

资收益免税，在领取时免税。

①建立限制。与传统 IRA 账户不同，罗斯 IRA 账户对开立者的年龄没有限制。建立账户的唯一规定就是年收益必须要达到特定标准，即使雇员已经超出 70.5 岁也不会强制要求其提取资金，还是可以每年将资金尽可能多地存储进去。罗斯 IRA 无年龄限制，但有收入限制：2021 年个人年收入超过 140000 美元或家庭年收入超过 208000 美元的个人不能申请罗斯 IRA。

②缴费额度。罗斯 IRA 账户的缴费额度和传统 IRA 账户一样，2020 年能够存入罗斯 IRA 账户的最高限额为 6000 美元（50 岁以上的参与者 2020 年最高限额为 7000 美元）。但是，罗斯 IRA 账户对参与者的收入上限有要求，单身或已婚人士单独申报的，2020 年其修正年收入不得超过 139000 美元，联合申报的已婚人士其修改年收入不得超过 206000 美元，超过上限的不允许向罗斯 IRA 缴费。

③取款规则。罗斯 IRA 是在税后缴费，投资收益和退休领取时免税。开设并存款满 5 年后即可提取本金，59.5 岁可自由领取。如果罗斯 IRA 账户中的资金连续存满五年或五年以上且年满 59.5 岁后的所有取款，或参与人发生残疾、死亡后的取款都将免税。罗斯 IRA 账户不同于传统的 IRA，前者对参加者是否需要在满 70.5 岁时开始取款不做强制性要求，存入罗斯账户中的资金可以一直保留下去、不断增加，可以传承并且无须缴纳遗产税。不满足条件的提前取款将被征收 10% 的罚金。

（3）雇主发起式 IRA 账户

为鼓励更多的小企业、个体户参与私人养老金计划，促进私人养老金均衡化发展，美国建立了雇主发起式 IRA 账户，包括薪资抵扣简化个人退休账户（SAR-SEP IRA）、简单个人退休账户（SIMPLE IRA）、简化个人退休账户（SEP IRA）。雇主发起式 IRA 比其他雇主养老金计划设立和运营更加简易，制度更加灵活，支持雇主缴款或匹配缴款，且雇主不必承担受托责任，税优额度并入第二支柱，不影响其他 IRA 计划的税优额度。1978 年推出的 SEP IRA 账户为纯雇主缴费的模式，从制度设计上简化了养老金计划的设立、运营、终止和监管要求，降低了小企业的参与成本。1986 年，雇主发起式 IRA 进一步改革，推出针对微型企业的 SAR-SEP IRA 账户。2001 年，为小企业提供额外税收优惠的 SIMPLE IRA 账户，进一步扩大养老金的覆盖范围。

①建立限制。不同类型的雇主发起式 IRA 计划的建立条件有所不同。其中，SEP IRA 对雇员人数无限制，覆盖对象为已满 21 岁，在过去 5 年中至少有 3 年为雇主工作，2021 年从雇主处收到至少 650 美元的资助（2019 年和 2020 年为 600 美元）；SAR-SEP IRA 要求至少 50% 的合格员工必须选择缴纳当年的 SAR-SEP IRA 账户，在前一年的任何时候，有资格参与的员工不超过 25 人；SIMPLE IRA 适用于任何小型企业，通常员工不超过 100 人，雇主不能有任何其他退休计划，雇主发起 IRA 计划后，雇员可以注入个人资金以增加

个人账户总额（IRS，2021）。

②缴费额度。在缴款时，雇主发起式 IRA 遵循缴款立即受益原则，无确权期。其中，SEP IRA 仅允许雇主缴款，但具有一定灵活性，SEP IRA 的最高年度投入额度较高，2021 年最高可以存到员工收入的 25% 或 58000 美元，取两者最小值；SAR-SEP IRA 允许雇主和雇员同时缴款，2021 年雇员和雇主合计缴款上限为 58000 美元且不超过雇员薪酬的 25%；SIMPLE IRA 允许雇主和雇员同时缴款，2020 年和 2021 年，员工从工资中向简单个人退休账户（SIMPLE IRA）缴纳的金额不得超过 13500 美元，且对雇主有强制匹配缴款要求，最高可达员工薪酬的 3%。

③取款规则。在领取方面，雇主发起式 IRA 在未满足正常取款条件前不允许从账户中贷款。因此除了正常取款外，雇主发起式 IRA 无法像 401（k）一样允许雇员贷款[①]和特殊时期取款[②]。

3. 个人退休账户的现状分析

（1）IRA 已成为美国养老保障体系的中流砥柱

税收优惠政策的激励及 IRA 自身的优势，使 IRA

---

① 雇员贷款是指雇员先从账户借出资金，再在规定的时间内偿还。如果发生违约，未偿还余额视为领取，需按照要求缴税。

② 特殊时期取款是指 401（k）等计划允许雇员在遇到经济困难时从计划中提前取款。IRAs 对经济困难的定义是出现急迫的、重大的财务需求。与贷款不同，特殊时期取款不会偿还给计划。因此特殊时期取款永久地减少了计划下员工的账户余额。特殊时期取款不能转入 IRA 或其他合格账户。

一经推出便受到工人阶层的欢迎，同时 IRA 展现出很强的活力（黄万鹏，2020）。实践表明，个人退休账户已经成功地促进和维护了很多美国人的退休储蓄，是养老金体系中成长最快和占比最大的部分。IRA 覆盖不同年龄、收入和教育背景的人群，拥有者遍布不同社会经济层面。截至 2020 年末，美国个人退休金账户资产余额为 12.21 万亿美元，有 37.3% 的美国家庭拥有个人养老金账户。如表 3 - 2 所示，2020 年末，美国共有 1.29 亿个家庭，其中持有传统个人退休账户的家庭数量最多，为 3680 万个家庭，占美国总家庭数量的 28.6%。其次是罗斯个人退休账户，大约 2630 万个

表 3 - 2　　　　　　2020 年美国家庭拥有个人退休账户的情况

账户类型	创建年份	家庭数量（万）	占比（%）
传统个人退休账户（Traditional IRA）	1974 年《雇员退休收入保障法案》	3680	28.6
简化个人退休账户（SEP IRA）	1978 年《税收法案》	860	6.7
薪资抵扣简化个人退休账户（SAR-SEP IRA）	1986 年《税收改革法案》		
简单个人退休账户（SIMPLEIRA）	1996 年《小企业就业保护法案》		
罗斯个人退休账户（Roth IRA）	1997 年《纳税人减免法案》	2630	20.4
至少有一个 IRA		4790	37.1

资料来源：ICI："The Role of IRAs in US Households' Saving for Retirement，2020"。

家庭参与其中，占全美国家庭总数的20.4%。最后是雇主发起的个人退休账户，860万个家庭拥有该类账户，占全部美国家庭数的6.7%。当然，有的家庭不限于一个账户或一类账户，但至少持有一个账户的家庭高达4790万个，占总家庭数的37.1%（ICI，2020）。

（2）资产规模占到美国全部养老金资产的三成以上

2020年末，美国个人退休账户资产高达12.21万亿美元，在美国34.86万亿美元的全部养老金资产中，占到35.03%，成为其中的最大构成部分。其中，传统个人退休账户的资产规模高达10.29万亿美元，分别占到全部养老金资产和个人退休账户资产的29.52%和84.28%，成为个人退休账户资产的主体；罗斯IRA发展规模仅次于传统IRA计划，从建立至今无论是规模和占比都呈现上升趋势，罗斯个人退休账户的资产规模为1.21万亿美元，分别相当于全部养老金资产和个人退休账户资产的3.47%和9.91%；而雇主发起的个人退休账户的资产规模仅为0.71万亿美元，分别为全部养老金资产和个人退休账户资产的2.04%和5.81%。

（3）资产形成主要来源于雇主发起的退休储蓄计划的转入

个人退休账户引入以来，其资产规模不断扩大。在个人退休账户的资金来源中，来自各种雇主发起的退休储蓄计划向个人退休账户的资产转换是其迅速壮大的主要原因。以在个人退休账户中占据绝对优势的传统个人退休账户为例，传统的个人退休账户可以让投资者通过缴款或从雇主资助的退休计划中滚转余额来积累退休资产，以帮助工人巩固和保存这些资产，2000 年以来缴费收入占资金流入的比例很少超过 5%，而通过退休储蓄资产转换过来的资金基本上维持 95% 以上。数据显示，2020 年中，约 2200 万个美国家庭（占所有拥有传统个人退休账户的美国家庭的 59%）拥有包含滚转资产的传统个人退休账户，随着资金的滚转，这些家庭中的绝大多数（接近 81%）将整个退休计划账户余额转移到传统的 IRA 账户。据统计，10 个拥有传统个人退休账户的家庭中有 9 个在 2000 年或之后进行了资金滚存。

（4）IRA 不断加大对共同基金和证券产品的配置比例

1980—2000 年，IRA 的资产配置结构发生了巨大变化：共同基金占比大幅上升，银行储蓄和保险产品则持续下降。在 1980 年，IRA 资金主要投资于银行存款。1981 年底，IRA 的资产 72% 配置在银行存款，7% 投资于共同基金，12% 以经纪人账户的形式持有，剩余 9% 投资于年金产品。在 2000 年以前，IRA 配置于银行存款的比例稳定下降，从 1981 年的 72% 大幅降至 2001 年的 10%；通过共同基金和证券经纪账户对证券资产的投资比例大幅上升，两者的资金总额占比从 1981 年的 19% 上升至 2001 年的 83%；对寿险公司年金产品的投资比例则较为稳定。2000 年至今，IRA 的资产配置结构相对较为稳定。美国 IRAs 投资渠道多种多样，其中共同基金成为人们最主要的投资工具（张晏玮、王国军，2018）。截至 2020 年末，IRA 对共同基金、银行储蓄存款、人寿保险公司和其他资产的投资比例分别为 44.7%、5.6%、4.2% 和 45.5%。2001年的"互联网泡沫"和 2008 年的金融危机造成美国股市的波动，除了股票市值波动对 IRA 的资产结构有一定的影响外，计划参与者并没有大规模地改变资产配置结构，但总体而言，股票基金仍然是 IRA 资金的重要选择，这体现了 IRA 作为养老金的长期资金属性与风险偏好特征，并且 IRA 的投资收益无须征收个人所得税（丁少群、王一婕，2017）。

（三）其他税收递延养老保险的优势

1. 403（b）计划的优势

（1）具有税收递延优惠。403（b）计划是一种实现税收递延的养老保险计划，可以通过非营利部门的雇主设立，提供退休储蓄的税收减免，其资金来源于个人薪资，这些资金是为了未来获得收益而投资的，通常包括不同的投资选项。一些雇主可能会提出对403（b）的供款进行一定程度的匹配。与 401（k）计划类似，403（b）计划的额外好处是立即减税。存入403（b）的金额将从个人的收入中扣除，可以延期对其纳税。在退休之后从 403（b）账户中提取资金时征税。投入 403（b）计划的资金可以进行税前扣除，并且雇主可以匹配相应的资金投入参与者账户，增加参与者的个人养老金资产。

（2）便于对账户进行管理。403（b）计划的雇主面向政府等非营利组织，账户资金的规范性与透明度较高，便于进行统一管理。对参与者的职业要求高，数量相对较少，且账户资金的投资范围有限，有利于账户资金的管理。

2．457 计划的优势

（1）无经济惩罚。如果离开了雇主并想提早从457计划中提取资金，则无须为提取的金额支付10%的费用。这与其他退休计划不同，例如401（k）计划会在59.5岁之前提取资金时收取罚款。但是如果在59.5岁之前购买457计划，则不会受到任何税收处罚。如果是打算提早退休，457计划是更有利的。

（2）具备补交功能。对于即将退休并想要储蓄更多的个人，457计划提供了特殊的三年补交功能。457计划允许参与者在正常退休年龄（如计划中规定）之前的三年内缴纳以下两项中的较小者：年度限额的两倍，即2020年和2021年为39000美元，或基本年度限额加上前几年未使用的基本限额金额（仅在未使用50岁或超过补缴额的情况下才允许）。根据这一规定，过去几年未缴纳最高供款限额的雇员可以缴纳的额外供款额是正常限额的两倍。如果在职业生涯早期将资金用于不同的财务目标（例如还清债务或为孩子的教育提供资金），那么可以在三年的窗口期内投入更多资金，以增加储蓄并为退休做更好的准备。

（3）自由选择投资方式。当参与 457 计划时，通常可以根据风险偏好决定如何进行投资。每个人将有不同的共同基金进行投资，这使个人可以将储蓄与风险承受能力保持一致。如果不愿承担风险，则可以选择低风险的基金。如果距离退休有着 10 年甚至更长的时间，可以选择风险较高的投资方式。

3．IRA 的优势

（1）具有税收优惠。一般来说，税收优惠对推动个人退休账户发展具有巨大推动作用（郑秉文，2016）。相对于普通投资账户来说，IRA 具有税收递延或免税等多种税收优惠。以 EET 税制为核心的政策支持是促进 IRA 快速发展的重要动力。从 IRA 的发展过程来看，当美国政府减少对开设该账户的限制条件以及提高可以扣税的缴费限额时，IRA 的发展步伐就会进一步加速。美国政府为了鼓励个人建立退休养老储蓄账户，对不同类型的 IRA 运作，实施不同的税收激励政策。比如传统 IRA 在允许个人用税前收入向账户缴费，缴费金额不列入当期的应税收入，账户资金增加的投资收益也不用缴纳个人所得税，在退休后按规定领取账户资金时才缴纳个人所得税；罗斯 IRA 是将税后的收入缴入账户，在资金领取时享受税收优惠，同样账户资金的投资收益也免税；个人可以按照相应的规定，将雇主养老计划中的资金转入 IRA，并享受税收减免。有效的税收制度安排和完善的监管立法是美国 IRA 取得成功的制度保障。

（2）具有灵活性。IRA 最突出的特点在于，可以允许个人根据自身的风险收益喜好，自主、灵活地配置资产（邱薇、刘李杰，2014）。参与者可根据自己的收入确定缴费金额，IRA 只有最高缴费限额，并且有着良好的转移机制，参与者在更换工作或退休时，可将 401（k）等企业年金计划的资金滚存到 IRA 账户，避免不必要的损失。IRA 账户的资金投资范围灵活，可以投资于共同基金、银行储蓄存款、人寿保险公司和其他资产等。美国是市场经济高度发达的国家，提倡采用自由主义福利体制，政府对税收递延型养老保险的监管相对较少，把更多的权利移交给雇员和私人企业，因此美国 IRA 计划种类较多，雇员有更大的自由权。IRA 账户之间可以灵活划转，在这种安排下，个人可以将其账户余额再投资于另一个 IRA 以获取更大的投资灵活性（孙洁，2020）。比如，雇主发起式 IRA 允许每年与其他类型的 IRA 或同类型 IRA 的其他账户转换一次，转入罗斯 IRA 时，需要将账户中已缴纳的养老金记为应税收入并报告相关部门才能转入。不同 IRA 账户之间的灵活滚存，极大地提高了居民的投资意愿，吸引更多的居民将资金投入 IRA 账户中。

（3）具有互补性和联通性。IRA 是美国多层次、多支柱养老体系的重要组成部分，实现了各种计划之间的有机结合。美国的退休养老保障体系基本上是由三个部分组成，其中，第二支柱企业养老金和第三支柱个人退休账户均为基于信义义务的账户体系，框架体系相同，为联通性打下了良好的基础。互为补充、互相强化，后者的滚存功能打通了两者的联系，使得IRA 成为美国整个私人养老金体系的蓄水池，拓展了养老保障体系的覆盖面，提升了居民的养老储蓄能力。雇主发起式 IRA 账户是打通美国第二、第三支柱账户体系的典范，IRA 的个人养老金账户可以实现沟通第二、第三支柱以及个人养老金各账户之间的灵活转账（王翌秋、李航，2016）。目前，美国的法规允许合格的 IRA 计划和职业养老金计划之间可以通过转滚存（Rollovers）操作实现资产的转换，同时保留税收优惠的权利，使原计划中的资产可以继续增值保值。滚存分直接和间接滚存两种，直接滚存是由雇主养老金计划管理人直接将资金转至个人账户，雇员不接触账户资金；间接滚存则是雇员先提取出原雇主养老金计划中的资金，并在规定时间内将资金存入个人账户，为防止雇员挪用资金等道德风险，美国国税局会暂扣转移资产的 20% 作为保证金，待资金按规定存入账户后退还。正是在滚存功能带动下，美国个人退休账户资产规模迅速扩大。当职工更换工作时，可以把参加401（k）计划的个人账户资金转移至 IRA，且同样享受税收优惠（张占力，2018）。

（4）降低政府财政压力。IRA 提升了个人在养老保障体系中的作用，实现了政府、企业和个人养老责任的有机结合。这种制度背后的基本理念是：包括养老在内的社会保障不只是政府的事情，不能由政府包揽一切，而是政府、雇主和个人的共同责任。政府保障计划的基本职能是确保绝大多数老年人的基本生活需要，要想提高社会整体的保障水平，必须依靠雇主和个人的共同努力。美国 IRA 计划开始较早，政府采取分散管理、集中决策的方式，兼顾了效率与公平、高低收入者，较好地弥补了基本养老保险的不足，在吸引和稳定优秀雇员、保障雇员退休生活方面发挥了重要作用（IRS，2021）。因此，IRA 的发展使得美国三支柱养老体系结构更为完善。从长远来看，有利于降低政府财政负担，提高美国的经济竞争力。

（四）其他税收递延养老保险的不足

1. 403（b）计划的不足

（1）服务时间较长。403（b）计划与 401（k）计划一样，都允许 50 岁以上雇员每年多缴纳 6500 美元养老金，并且 403（b）设置了对服务时间较长雇员的特殊优待政策，对工作 15 年以上的长期雇员增加了更多追缴额，这对于服务时间较短的雇员是不利的。

（2）提供主体较少。非营利组织和政府实体是 403（b）计划的主要提供者，因此数量相对较少，发展速度缓慢。而 401（k）计划通常由私人公司赞助，参与的公司数量远远多于 403（b）计划中非营利组织的数量。

（3）管理费用较高。计划中的投资选择和费用也有所不同，403（b）计划中提供的许多年金产品会收取费用，而 401（k）计划中通常没有额外费用。例如，在一定时间范围内从年金合同中提款的人的退保

费用。由信托基金资助的 401（k）计划比 403（b）
计划能够提供更广泛的投资选择。但是 403（b）计划
由负有法律责任的受托人管理，以确保该计划提供符
合账户持有人最大利益的投资选择。受托人有责任监
督和协商向参与者收取费用，以确保这些费用对于所
提供的利益而言是合理的。

2．457 计划的不足

（1）提取难度较大。如果投资了 457 计划，但在
退休前需要钱，那么在受雇期间可能不容易获得已经
存入 457 账户的资金。这与 401（k）计划不同，后者
通常允许员工在受雇期间遇到财务困难时提取资金，
例如购房或教育费用。使用 457 时，必须满足不同的
要求，以便为紧急情况提取资金。对于 457 计划，有
一个比 401（k）更高的标准，虽然可以为意外的医疗
紧急情况取款，但是大学的教育费用不可以提取。

（2）无债权人保护。有一些退休账户投资的资金
可以受到债权人的保护，如果有需要偿还的债务，贷
方将无法使用退休账户中受保护的现金。但是某些 457
计划不能受到债权人的保护。除此之外，某些 457 计
划的管理费用可能比其他类型的退休计划更高。

（3）雇主不匹配缴纳。401（k）计划可能会为雇
主提供匹配，这意味着公司每年将缴纳一定金额的款
项，而 457 计划通常没有此功能。如果雇主确实做出
了贡献，则通常将其计算为该年允许的总金额的一部
分。比如在 2019 年的供款限额为 19000 美元，雇主将

3000 美元存入账户，那么个人在这一年中只能将 16000 美元存入该基金。

3．IRA 计划的不足

（1）提取资金限制较多。参与人在有资金需求时，不能随时从 IRA 账户中提取一定的资金以应不时之需，这让参与人在投保时会产生后顾之忧。

（2）监管难度较大。IRA 计划种类较多，雇主范围较广，参与人数较多导致该账户的监管难度较大，容易产生高收入者暗中逃避税款缴纳等问题。投资选择更为多样，但对账户投资的经纪公司的要求仅为"'合适'（suitability）的投资选择即可"，这使 IRA 资金面临着更多投资风险。

四 美国第二、第三支柱养老金体系对中国的启示

（一）中国养老保障制度的现状及基本结构

经过多年的探索与发展，中国目前已初步建立起与社会主义市场经济基本制度相适应的，以第一支柱基本养老保障为基础，第二支柱职业、企业年金和第三支柱个人养老金作为补充保障的多层次养老保障体系。其中，第一支柱在覆盖范围和保障水平上取得了显著成就，第二、第三支柱在实践中不断探索和完善。

1. 第一支柱

中国的第一支柱包括城镇职工基本养老保险和城乡居民养老保险。城镇职工基本养老保险起步于1997年的全国性制度统一，当时仅面向有稳定劳动关系的企业职工，要求单位和个人均缴费，实行统账结合的模式。其后经过多次制度改革，2014年纳入机关事业单位职工。城乡居民养老保险起步于2009年试点的新

农保，其后逐步向城镇居民拓展，到 2014 年开始统一为城乡居民养老保险。其基本制度特征是居民个人缴费进入实账账户，在领取养老金时享受政府定额补贴。两者相互补充，已实现制度上全覆盖的基本养老保障网。截至 2020 年末，全国城镇职工基本养老保险参保人数已达 45638 万人，城乡居民养老保险参保人数 54244 万人（人力资源和社会保障部，2021）。中国已建立起了全球最大的基本养老保险体系。由于城乡居民养老保险是自愿参保，部分年轻群体参保积极性不高；但年满 60 岁的城乡居民均能至少领到以财政补贴为主要来源的养老金，因此可以说中国已经实现"人人皆年金"。

2．第二支柱

中国的第二支柱包括企业年金和职业年金。企业年金和职业年金的制度设计基本相同，区别主要在参保人群。前者面向企业，实际操作中主要是部分国有企业参加；后者面向机关事业单位。

2000 年，国务院发布《国务院关于印发完善城镇社会保障体系试点方案的通知》（国发〔2000〕42号），首次将"企业补充养老保险"正式更名为"企业年金"，确定了企业年金的缴费方式以及市场化运营和管理的原则性规定。2003 年，财政部发布《财政部关于企业为职工购买保险有关财务处理问题的通知》（财企〔2003〕61 号），进一步明确了缴费和纳税标准，为企业建立补充养老保险的具体操作提供了依据。

2004 年劳动和社会保障部发布了《企业年金试行办法》（劳动和社会保障部令第 20 号）和《企业年金基金管理试行办法》（劳动和社会保障部令第 23 号），标志着中国企业年金制度的正式建立，并对企业年金治理结构、管理及投资运营作出规定。2011 年修订的《企业年金基金管理办法》（人力资源和社会保障部令第 11 号）明确了企业年金的法律原则，为其提供了基本的法律保障。2013 年颁布的两部法律文件《关于扩大企业年金基金投资范围的通知》（人社部发〔2013〕23 号）和《关于企业年金养老金产品有关问题的通知》（人社部发〔2013〕24 号），进一步扩大了企业年金的投资范围。2015 年国务院发文明确建立职业年金制度是中国机关事业单位工作人员养老保险制度改革的措施之一，并且机关事业单位在参加基本养老保险的基础上，应当为其员工建立职业年金计划；《机关事业单位职业年金办法》（国办发〔2015〕18 号）于同年颁布，标志着中国职业年金制度的正式形成。

企业年金和职业年金采用完全积累的个人账户模式，个人权益与个人积累直接关联。[1] 在实际操作中，企业年金和职业年金的设立一般以单位为依托，因而还不是真正意义上的个人可自我控制的个人账户。

企业年金和职业年金都安排了相应的税收优惠政策。企业年金在所得税政策方面为企业和个人均提供了相应优惠。按照相关文件规定，在企业层面，对于

---

[1]　全额财政拨款单位的职业年金，其单位缴费目前采取记账方式，即并非实账积累。

不超过职工工资总额5%的年金缴费，可在计算企业所得税应纳税所得额时税前列支；在个人层面，对职工不超过本人缴费工资计税基数4%的年金缴费，可在当期应纳税所得额中予以扣除，并在未来领取时根据相应税率进行延期纳税。职业年金因为对应单位是行政事业单位，因而主要是个人所得税优惠。

企业年金和职业年金一般采取信托管理模式，采取集中委托投资运营的方式管理。在治理结构上，企业年金和职业年金以受托人为核心，协调运营机构，为企业与职工利益服务。账户管理人、受托人、托管人分别履行自己的职责，相互制约，相互监督，有效保障企业年金基金安全。

中国企业年金和职业年金的监管以人力资源和社会保障部为主，银保监会、证监会、财政部、国税总局、国资委等监管部门协作配合的监管模式。对于企业年金的监管，从流程和环节上看，包括了参与企业年金机构的资格认定、企业年金的投资范围和比例、风险管控、企业年金的缴费、提取和征税等多个方面。监管的核心对象包括参与主体，如投资管理人、账户管理人、托管人、受托人和委托人等，涉及的机构包括银行、证券、保险、基金、信托等不同类型机构，因此监管工作需要多个部委共同参与和协作。

3．第三支柱

第三支柱指个人自愿购买的商业养老保险，投保人根据合同约定在保险积累期定期缴纳保费。在中国，既有部分保险公司推出了个人自愿购买的养老金产品，也有自 2018 年开始试点税收递延型商业养老保险。与国际上接轨，我们侧重考察第三支柱中的税收递延式商业养老保险。这是政策上的关注重点。

2018 年 4 月，财政部和国家税务总局发布了《关于开展个人税收递延型商业养老保险试点的通知》（财税〔2018〕22 号）。按相关部署，自 2018 年 5 月 1 日起，在上海市、福建省（含厦门市）和苏州工业园区实施个人税收递延型商业养老保险试点，对试点地区个人通过个人商业养老资金账户购买符合规定的商业养老保险产品的支出，允许在一定标准内税前扣除。试点为期一年，这是中国对养老金第三支柱的首次探索和有益尝试。

按上述通知的规定，中国的税收递延型商业养老保险税收上采用了国际常用的 EET 模式。即对试点地区个人通过个人商业养老资金账户购买符合规定的商业养老保险产品的支出，允许在一定额度内税前扣除，免税额度为当月工资薪金、连续性劳务报酬收入的 6% 和 1000 元的孰低值；计入个人商业养老资金账户的投资收益，暂不征收个人所得税；个人领取商业养老金时再征收个人所得税。

但从试点情况看，税收递延式商业养老保险市场吸引力较低。相关数据显示，截至 2019 年 9 月，全国有 23 家公司参与税延养老保险试点，66 款产品上市，包括收益确定型（A 类）、收益保底型（B 类）、收益浮动型（C 类）等，累计实现保费收入 2 亿元，参保人数 4.52 万人，覆盖面不足 1‰。

除此之外，中国部分地方政府也推出仅以年龄达标为领取条件的养老补贴，这可以视为零支柱。中国在 2000 年还设立了全国社会保障基金。这是国家社会保障战略储备基金。全国社会保障基金由中央财政预算拨款、国有资本划转、基金投资收益和国务院批准的其他方式筹集的资金构成，专门用于人口老龄化高峰时期的养老保险等社会保障支出的补充、调剂，由全国社会保障基金理事会负责管理运营。截至 2020 年末，全国社保基金的权益为 26788.13 亿元，其中，累计财政性净拨款 9909.63 亿元，累计投资增值收益 14681.60 亿元，投资收益远超过本金（全国社会保障基金理事会，2021）。

（二）中国第二、第三支柱养老金存在的问题

1. 养老资产总体积累不足

经过多年努力，中国已建立起全球最大的养老保险体系。但相对于近年来人口快速老龄化导致退休人口激增、寿命延长使得领取养老金年限增加等客观事实，中国积累的养老资产出现一定的不足，政府主导的第一支柱压力较大，亟须拓展第二、第三支柱以支撑整个养老金资金体系。截至 2019 年，中国各类养老金资产总计约 11.6 万亿元，约占 GDP 的 11.7%。其中第二、第三支柱的养老资产仅占整体养老资产的 21%（郑秉文，2020）。纵向比较，与 1997 年城镇职

工基本养老保险启动之初仅几百亿的结余相比，当前中国的 11 万亿以上的养老资产积累自是不菲的成绩。但横向比较，中国的养老资产仍落后于部分发达国家。例如，截至 2020 年第四季度，美国第二、第三支柱积累的养老资产总额约为 34.9 万亿美元，占其当年 GDP 的 167%。如加上其第一支柱 OASDI 信托基金约 3 万亿美元的积累资产，则其总的积累养老金资产约占当年 GDP 的 182%。

展望未来，中国人口老龄化趋势不断加剧。按照最新的第七次人口普查数据，2020 年末，中国 60 岁及以上人口为 26402 万人，占 18.70%；其中 65 岁及以上人口为 19064 万人，占比达 13.50%。预计"十四五"末中国 65 岁及以上人口占比将达到 14%，中国将进入中度老龄化社会。整体上看，中国的人口老龄化具有速度快、高龄化、城乡倒置、地区不平衡、未富先老、未备先老等特征。与老龄化的形势相比较，当前中国养老资产的积累不足。

需要注意的是，美国的年龄结构和老龄化程度与中国较为类似。中国养老资产积累规模小，在结构上主要集中在第一支柱，第二、第三支柱的积累资产规模较小；美国养老资产积累的 92% 左右为第二、第三支柱，其第一支柱的养老资产积累占比很低，但总金额也大约是中国第一支柱养老资产的两倍以上。总体来看，中国养老资产积累与美国存在的差距，主要在于第二、第三支柱。这也预示着，要想为未来的老龄化社会做好充足的准备，大力发展第二、第三支柱养老保险势在必行。

2. 第二、第三支柱发展空间受限

从养老积累资产分布看，中国与诸多国家的一个显著差异是，第一支柱积累的养老资产占比最高，第二、第三支柱积累的养老资产占比仅为 20% 左右。而诸多发达国家大都是第二、第三支柱积累的养老资产占比更高。

这种养老积累资产分布状况的原因，一方面自然是第二、第三支柱发展存在困境，另一方面则是第一支柱在制度设计上未给第二、第三支柱的发展留下充足的空间。中国基本养老保险现行缴费比例高达 24%（单位 16%、个人 8%），社会保险费率共计 33.25%，在世界范围内处于较高水平。这样的费率水平，导致企业承担的社会保险税费负担较重。一些利润空间小且经营本身就缺乏稳定性的中小企业，难以承受建立企业年金或资助员工参与第三支柱的成本。与之对比，美国的社会保障税税率仅在 12% 左右，自然为第二、第三支柱的发展留下充足的空间。另外，中国基本养老保险制度设计的替代率在 65% 左右，与养老金体系发达、三支柱发展较为均衡的英美等国相比，第一支柱替代率相对偏高。近年来社会平均工资增速很快，导致以社会平均工资计算的基本养老保险替代率逐年下降，目前仅在 40% 左右。但如果以个人的实际工资为基数计算，中国的基本养老保险替代率依然较高。这种状况也导致个人参加第二、第三支柱养老保险积极性不高。

为适应老龄化日益深化的基本国情，中国的养老保险体系应当更加注重可持续性，更好地满足日益多元的个性化养老需求。加快以税收优惠为主要支持政策的第二、第三支柱养老金的发展，是当前以及今后一段时期发展完善养老保险体系的重要任务。基于这一考虑，《中华人民共和国国民经济和社会发展第十四个五年规划和 2035 年远景目标纲要》提出，要"发展多层次、多支柱养老保险体系，提高企业年金覆盖率，规范发展第三支柱养老保险"。

3. 第二、第三支柱养老金产品市场接受度不高

在制度设计上，中国的第二、第三支柱养老金产品都有一定的税收优惠。也就是说，在制度上中国已经建立起了与发达国家类似的第二、第三支柱养老金体系。但与多数发达国家相比，中国的第二、第三支柱养老金发展状况则不尽如人意。以历史最悠久、税收优惠力度最大的企业年金为例。如表 4-1 所示，企业年金的开办企业数、覆盖职工数、积累基金，在 2010—2016 年发展较快，但其后增速明显下滑，几近停滞，2019 年以来略有回升。从覆盖人数看，当前也仅有 2700万余人，远低于城镇职工基本养老保险参保人数。

表 4-1 　　　　　　　　　历年全国企业年金基本情况

年份	企业数（百个）	增长率（%）	职工数（万人）	增长率（%）	积累基金（亿元）	增长率（%）
2007	320		929		1519	
2008	331	3.44	1038	11.73	1911	25.81

续表

年份	企业数 （百个）	增长率 （%）	职工数 （万人）	增长率 （%）	积累基金 （亿元）	增长率 （%）
2009	335	1.21	1179	13.58	2533	32.55
2010	371	10.75	1335	13.23	2809	10.90
2011	449	21.02	1577	18.13	3570	27.09
2012	547	21.83	1847	17.12	4821	35.04
2013	661	20.84	2056	11.32	6035	25.18
2014	733	10.89	2293	11.53	7689	27.41
2015	755	3.00	2316	1.00	9526	23.89
2016	763	1.06	2325	0.39	11075	16.26
2017	804	5.37	2331	0.26	12538	13.21
2018	874	8.71	2388	2.45	14770	17.80
2019	959	9.73	2547	6.66	17985	21.76
2020	1052	9.6	2717	6.67	22496	25.08

资料来源：历年统计年鉴以及人社部网站《全国企业年金基金业务数据摘要》；增长率为笔者计算所得。

这种发展状况表明，中国当前的第二、第三支柱养老金产品市场接受度低。即使如华为这样的高薪酬企业，加入企业年金能够为员工带来大量税收优惠，但其依然没有动力加入。其背后的原因值得深思。课题组认为，除了上述第一支柱独大，第二、第三支柱发展受限之外，可能的原因还有以下几点。

首先是个税纳税人较少，导致个税优惠对参与第二、第三支柱的激励性不高。税收优惠是激励养老保障第二、第三支柱发展的直接、有效措施。税优政策能够起到激励效果的前提是，参保人是个税纳税人。但目前中国居民收入普遍较低、个税纳税人占比不高，由此也导致税优政策适用面窄。而且，中国享有税优政策的企业与职业年金覆盖范围有限，并没有覆盖到所有个税纳税人。

其次是资本市场上养老金产品的投资活动受限较多。由于企业年金市场规模有限，受托机构竞争较为充分。但养老保险产品存在较多限制性条款，如投资范围受限制、没有放开个人选择权等原因，产品同质化现象严重，存在受托费率恶性竞争，投管追逐相对排名、合同签订与考核短期化等情况。相关产品未能较好地体现投资长期化理念要求，市场活力未能得到较好发挥。

最后是中国人的消费理念、金融投资习惯还不够成熟。第二、第三支柱的养老金产品属于跨期很长的金融产品，涉及的金融知识、财税知识比较复杂；而一般群众较为重视当期收益，对于看不懂、看不清的金融产品一般不愿意涉及。而且，一些老人优先把储蓄用于为子女买房，为自身养老投资不足。

4. 个人账户体系仍不够完善

第二、第三支柱的养老金产品有个人账户制和产品制两种类型。建立个人账户体系，便于归集税收优惠，便于投资管理，是国际上的主流选择。中国第二、第三支柱的养老金都以个人账户为基础，如中国企业年金、个人税延型商业养老保险都存在"个人账户"，但实质上是以产品形态存在。年金与个人税延型商业养老保险之间"个人账户"是割裂的，而不是统一的、可以实现资金转滚存并享有财税优惠的个人养老账户。这限制了资产转滚存与税优政策的作用。个人账户制度操作简便，缴费、投资、领取账户内形成资金和信息的闭环，有利于各支柱之间的互联互通，有助于保障税收优惠的效率与公平，并促进劳动力自由流动。美国、英国、澳大利亚等国均采用的是个人养老账户制度。个人养老账户下，监管部门只需对合格的养老金融产品实施准入或建立动态调整的养老金融产品库，由个人自主选择并在规定额度内享有税收优惠。

中国在个人税收递延型商业养老保险试点期间采用产品制，存在一定的局限性。主要表现在：一是个人的投资选择权受到限制。由于税收优惠政策仅指向单一的保险产品形式，只有购买税延养老保险产品的支出才可以享受税延优惠，老百姓无法选购基金、储蓄、理财等其他产品形态。二是不便于税收征管工作的开展。试点期间，延税环节的具体的税延操作流程类似于"退税"流程，即参保人需在购买税延产品，取得中保信平台出具的税延凭证后，交由所在单位办理抵税手续。而且由于税收优惠额度是在产品层面控制，如果个人购买多个产品的，那么如何在各个产品上控制税延额度比例十分困难。三是为国民提供养老保障的效果有限。试点期间的税延政策只针对保险行业和保险产品，只有保险公司参与到政策试点中，个人即使想进行产品转换，也只能在保险行业里进行选择。因此，产品制会导致个人投资者一旦选择了某一类产品就难以选择其他的产品，更无法实现投资转换。

相当于把客户与某个行业产品强制绑定。结果是造成行业的割裂，个人投资转换困难、不能进行有效的资产配置，个人参与的便利性会大打折扣，也限制了制度的可扩展性、灵活性，无法有效实现第三支柱养老金的养老保障目标。

5. 监管市场化改革有待深化

补充养老金一般采取完全积累模式，通过市场化运营实现保值增值，因此从建设理念来看，补充养老金一般秉承市场化导向，遵循并注重发挥市场机制的作用，尽量减少政府的干预，同时也有助于降低政府在补充养老金中的责任。

从中国第二支柱监管实践来看，需要进一步深化市场化改革。第一，以行政审批改革为代表的简政放权改革。企业年金建立初期，市场条件有限，为规范运作，对受托人、投管人、托管人和账管人四类管理机构采取了审批制，有其合理性，促进了企业年金早期的建立和发展；但随着第二支柱的不断壮大和资产管理行业的日趋成熟，审批制已不适应第二支柱发展的需要。总体来看，第二支柱经过十多年发展，特别是近几年职业年金启动运作以来，基金规模增长很快，但是参与机构数量变化不大，目前采取的行政审批制与第二支柱市场化导向不符，年金业务资格成为一种牌照许可，缺乏明晰的准入和退出机制，不利于市场化竞争和年金资产长期保值增值。第二，企业年金和职业年金均采用集中委托投资运营管理的模式，考核期限较短，投资风格偏保守偏短期。第三，相比于海外第二支柱以及中国社保基金，年金投资范围和比例受到限制更多，如权益投资比例上限更低、不能进行海外资产配置等，不利于发挥养老金的长期优势、实现更好的投资回报。

（三）税收优惠系统性支撑及其中美差异

1. 美国养老保险体系各支柱间税收优惠的整体协同

美国的税收制度为三支柱养老保险体系的相互协同配合提供了重要的支撑，尤其是有力地保证了第二、第三支柱养老保险的发展，强化了个体为养老储蓄的责任和激励。突出表现为以下三个方面。

首先，第一支柱的"轻税"为第二、第三支柱留下了充足的选择空间。美国的税收在广义上可分为四类，即个人所得税（individual income taxes）、工资税（payroll taxes）、资本税（capital taxes）和消费税（consumption taxes）。其中，工资税（社会保障税）是第一支柱养老金计划筹资的直接来源，它们是针对劳动所得征收的，也是从工薪阶层的工资中征收的"第一美元税收"（the very first dollar），社会保障部分的税率为12.4%，计税依据为劳动者的劳动所得。对于非自雇劳动者而言，雇主和雇员分别承担6.2%的税率，对于自雇劳动者而言，个人完全承担12.4%的税率。缴纳工资税的部分，在申报个人所得税时，不计入基数。

但是，个人应税收入设有上限，超过上限的部分，不再交纳社会保障税。2021 年，个人应当缴纳社会保障税的年收入上限是 14.28 万美元。无论是由雇主和劳动者共同承担，还是由自由劳动者独立承担，12.4%的税率并不高。税率不高，一方面意味着纳税负担较轻，保证了继续参与第二、第三支柱养老保险计划的能力；另一方面也意味着未来的待遇不会太高，重在发挥保基本的功能，增加了个人参与第二、第三支柱养老保险计划的激励。

第二，美国的个人所得税覆盖面宽，税延激励具备较广泛的感知度。一方面，美国的个人所得税申报与社会福利的关联度高，居民具有较强的税收申报积极性。美国的个人所得税按综合所得申报，所有人均是名义上的纳税义务人，只不过根据不同的具体情况可以得到对应额度的纳税豁免。尽管大约 45% 的申报者最终并不需要纳税（马珺，2017），但由于居民可以享受的社会福利要以申报纳税为前提，即便不少人并不需要实际纳税，但也需要提交个税表格（individual income tax returns），这使得社会具有普遍的纳税意识。

另一方面，美国实际纳税群体在总人口中的比重较高，接近全部人口的一半。由于美国的个人所得税可以按夫妻共同申报、个人单独申报等多种形式，纳税群体的数量在官方统计中以申报单数呈现，由于存在一单对应于一个家庭、多单对应于一个家庭的情况，加之申报单数并不等于实际纳税单数，因此没有确切的数据统计实际的纳税人数量。不同研究机构的估算表明，美国实际缴纳个人所得税的人口占总人口的比重在43%—45%（如Tax Policy Center、Tax Foundation 等机构的测算）。

为了更为直观地体现出美国个人所得税覆盖面，可以用一组收入数据来体现。从工资性收入来看，美国联邦最低工资标准目前为7.25元每小时（一些州远高于这一标准），如果一个劳动者受雇劳动一年，意味着收入至少为15312美元（7.25×8×22×12，平均每天工作8小时，每月按22个工作日计算，12个月），这个最低收入标准已经高于个人所得税的标准免征额（12200美元），从而意味着美国的工薪阶层几乎全部都是个人所得税的实际纳税人。再从人均国民收入来看，2019年美国人均国民总收入为65910美元[①]，个人所得税的标准免征额是12200美元，大致相当于国民收入的19%的部分可免于个人所得税。当然，这是一种非常粗略的计算，但可在一定程度上体现出，人均国民收入中超过80%的部分需要缴纳个人所得税。考虑到各种扣除之后，赛斯和祖克曼（2021）提供的信息表明，如今美国需要缴纳个人所得税的收入占美国国民收入的63%。

总之，美国的绝大多数劳动年龄人口都是个人所得税的纳税人，个人所得税的人群覆盖面非常广泛，意味着绝大多数劳动者都是个人所得税优惠的实际受

---

① 数据来自世界银行数据库，https://data. worldbank. org/country/united-states? view = chart。

益人，进而意味着第二、第三支柱的养老保险计划的税延激励具有广泛的受众基础。

第三，不同支柱之间税延优惠的衔接与统筹安排。如前述分析，美国第一支柱社会保障税的"轻税"，为劳动者群体参与第二、第三支柱养老保险计划留下了充足的空间。美国劳动者可以同时参与第二、第三支柱的养老保险计划，或者只参加一类。而在第二、第三支柱之中，个人可以享有的延税额度是可以后向共享的，即如果没有参加第二支柱的养老金计划，那么对应的延税优惠缴款额度可以在很大程度上用于第三支柱。对于第三支柱 IRA 账户的设计，充分考虑了对第二支柱的延展和接续。对于拟参加 IRA 账户计划的劳动者，如果其未通过雇主而获得第二支柱［如 401（k）等］的税延缴费优惠，则可以获得对应年份规定的全额缴款优惠；如果已经持有第二支柱的账户，则能够获得延税额度将会进行一定额度的扣除，其能够享受的免税额度要根据其修订后的实际收入来决定。与此同时，无论是第二支柱计划还是第三支柱计划，都设定了延税优惠的上限，这有利于保证收入分配的公平性。因此，美国三支柱养老保险计划的税收政策支持优势突出地表现在，第一支柱为第二支柱留有充分的空间，第二、第三支柱之间具有良好的互通互接性。

2. 中美两国养老保险模式对比及其相关税收差异

一方面，中美两国养老保险模式具有显著差异。

以三大支柱为视角，结合本报告第一部分第二节相关内容和中国的实际情况，中美两国养老保险模式的核心差异在于：在资产规模上，中国体现出第一支柱＞第二支柱＞第三支柱的模式；而在中国作为规模最大的第一支柱，在美国的资产构成中却最小（占比不足8%），美国体现出第二支柱＞第三支柱＞第一支柱的模式。在第二支柱养老保险计划的参与方面，中国包括公共部门在编职工和少数企业职工，美国包括公共部门雇员和一部分企业雇员，两国的公共部门就业者基本都被对应的计划覆盖，但能够提供第二支柱计划账户的企业在两国之间相差悬殊，中国大约有9万家企业可提供企业年金，而美国大约有30余万家企业可提供401（k）等养老金计划。中国目前（2020年）加入第二支柱的人数大约为2700万人，而美国大约有7450万个家庭参加了第二支柱养老金计划。在第三支柱养老金计划参与方面，中国目前处于试点阶段，可选择的范围有限，而美国已经非常成熟，2020年中约有37.3%的美国家庭建立了个人退休金账户。

另一方面，在与养老保险相关的税收方面，中美两国存在明显异同。与前述美国特征相比，中国的税收体系具有以下几个方面的不同。

一是第一支柱税率（缴费率）差别突出。与美国12.4%的第一支柱养老保险税率相比，中国就业参保人员目前的养老保险缴费率为24%—28%，相当于美国的2倍。无论是用人单位还是职工，税率都高于美国，尤其是企业的税率大致是美国的3倍，企业社保缴费负担较重，削弱了设置企业年金的能力，第二支柱账户缺失，个人自然也就无从加入。中国参保企业中，个人8%的税率，也比美国雇员的6.2%高出1.8个百分点，负担较重，加之第三支柱尚未正式起步，也就削弱了第三支柱养老保险的发展空间。

二是中国的个人所得税纳税面较窄。目前，中国实际缴纳个人所得税的人数大致只占全部人口的很小比重，尽管没有官方的正式数据，但乐观估计这一数字大致不会超过5%。财政部原副部长程丽华曾在2018年给出一个大致的数据，即个人所得税起征点提高到每月5000元之后，纳税人群体所占城镇就业人员将从原来的44%减少到15%[①]，即修法之后的纳税人规模约为6370万人，约占当时人口全国人口总数的4.58%，考虑到各项扣除之后，纳税人群体规模可能缩减至4%以下。再与前述从国民收入视角看美国的个人所得税免征额类似的方式来粗略考察，2019年中国人均国民收入约为70725元，个人所得税的标准免征额为60000元，这大致就意味着，假如所有人都是个人所得税的纳税人，相当于平均每个人收入的85%的部分免于缴纳个人所得税，而同样办法计算美国的结论是平均每人收入的19%的部分免于缴纳个人所得税。对比中美两国个人所得税总额占国内生产总值（或者国民总收入）的比重可以发现，两国的情况大

---

① 资料来源："按照5000元扣除额，纳税人占城镇就业人员的比例将由现在的44%降至15%"，经济观察网，2018年8月31日，http://www.eeo.com.cn/2018/0831/336024.shtml。

致相当，均为 11% 左右，这也表明了中国的个人所得税纳税群体更加核心化。绝大多数不是个人所得税的贡献者，或者部分人（如一些农民工）并不知道自己正在缴纳或实际承担了他人的个人所得税，对个人所得税缺乏认知，自然难以产生对税延优惠保险产品的热情。

三是中国未对个人开征资本利得税，投资收益的免税好处不能被主观感知。美国税延型养老保险投资产生的收益免于征收资本利得税，这是美国人加入第二、第三支柱养老保险计划的又一激励。与美国相比，中国不对个人征收资本利得税，无论是否加入第二、第三支柱的养老保险计划，对应资金的投资收益都不纳税，在一定程度上也会削弱加入第二、第三支柱养老保险项目的激励。但整体上看，这部分的激励不如个人所得税的延迟缴纳产生的激励大。因为延迟到退休后再缴纳个人所得税时，由于个人总收入相对于工作时期而减少，原本（在工作时期）应当缴纳的个人所得税可能到了退休时已经进入了豁免区间，因此延税相当于在一定程度上对个人终生收入的税收筹划，降低了个人的终身税负。

鉴于美国第二、第三支柱养老保险的发展历程，结合中美两国在保险体系和税收制度等方面的对比，可以为中国构建多层次、多支柱养老保险体系提供丰富的启示。

（四）美国经验对中国的启示

1. 坚持系统观念，促进三个支柱的协调统一

美国作为最先建立第三支柱的国家，第二支柱影响最大的国家，其三支柱养老金体系的发展较为均衡。但如前文所述，美国第二、第三支柱养老金的蓬勃发展，也是在其现实国情影响下的产物，是有条件的。

其一是美国的第一支柱的费率和替代率均处于较低水平，这客观上为第二、第三支柱的发展创造了空间，也为老百姓积极参与第二、第三支柱增加了吸引力。其二是美国的个人所得税法完备，纳税人群体占比高，由此第二、第三支柱的税收激励政策才能取得较好效果。其三是美国历史悠久、治理良好、稳定的资本市场，以及良好的监管体系是第二、第三支柱发展的重要推手。第二、第三支柱养老金产品吸引力的一个重要来源，在于其通过实账积累的个人账户资金具有较强的保值增值能力。如果缺少较好的投资渠道，或者监管过度谨慎导致稳定的长期投资机会无法利用，或者由于监管过松导致养老金产品投资收益风险太高，都将不利于第二、第三支柱养老金的发展。而美国的资本市场以及监管体系均较好地解决了这些问题。历经多次资本市场大幅波动，目前美国第二、第三支柱养老金积累资产依然在快速增长。

这也提示我们，促进中国第二、第三支柱养老金的发展必须坚持系统观念，难以单兵推进。首先，在

第一支柱费率和替代率较高的背景下，第二、第三支柱的发展空间受限。因此，要在中国养老保险体系整体布局的基础上设计第二、第三支柱养老金政策体系。其次，第一、第二、第三支柱之间的区分并不宜过分强调，其实质均是以税收激励促使人们为未来的老年生活积累一定的资金。三者之间的差别主要是管理主体、强制程度、缴费与收益之间的对应关系等。因此，在设计中国养老保险体系时应当放宽思维，整体谋划。最后，第二、第三支柱的发展离不开稳定成长的资本市场，两者之间应当形成良性的相互促进关系。而这种良性的互动关系的基础，则是资本市场的良好治理，以及第二、第三支柱养老金合理的监管政策体系。

2. 合理的、有力度的税收优惠政策有助于第二、第三支柱发展

从美国经验看，其第二、第三支柱形式的养老金产品很早就存在，但在早期缺乏税收优惠政策时，发展同样相对缓慢。而在 20 世纪 80 年代相关税收优惠政策明确之后，其以 401（k）计划为代表的第二支柱才开始进入快速发展阶段，2001 年《经济增长与税收减缓妥协法案》的颁布，税收优惠政策力度更大，进一步促进了 401（k）计划的迅速发展。

其他国家也大都出台了类似的税收优惠政策。总体而言，第二、第三支柱养老金的税收优惠政策有其基本模式。传统的税收优惠的基本方式是未来缴税的 EET 模式，即个人账户在缴费、投资阶段不征税，只

在领取时才根据税法征收个人所得税。后来又引入当期缴税的 TEE 模式，即在存入环节征税，投资和支取环节都免税。为了进行适度的收入再分配，鼓励更多低收入家庭参与，一些政府选择补贴低收入家庭来参与补充养老保障。

为防止滥用税收优惠，同时为了避免当期财政税收大量流失，各国都对享受税收优惠和递延的缴费额度做了限制。缴费额度的限定一般有三种存在模式，一是简单直接的金额制，二是与个人收入挂钩的比例制，三是同时使用金额制和比例制的混合型。为了保证税优制度的公平性，一般比例制不会单独使用。比如在第二支柱中，美国国税局规定了雇主、雇员单独及合计缴费的比例上限和金额上限，缴费在上限内可享受税前列支。第三支柱中不同类型的 IRA 均采用固定金额制。如美国《国内税收法案》规定，2018 年 50 岁以下个人年度内能够存入 IRA 账户的最高限额为 5500 美元。这些限额定期调整，同时和年龄相关，比如 50 岁以上的参与者限额都相应提高；也和收入相关，会综合考虑各个项目的缴费，考虑总的缴费额度，以体现社会公平。

当然也需注意，各国个税制度及其征管的差异，会影响税收优惠政策促进第二、第三支柱发展的效果。如前文所分析的，美国利用税收优惠促进第二、第三支柱的发展起到了非常明显的效果，一个重要原因是其个税制度覆盖广，且对资本利得征收个税，由此第二、第三支柱的税收优惠感知度和受益面很高，税收

优惠的激励作用得以充分发挥。反观中国，由于个税
制度的纳税人数占比较低，因而大幅度利用税收优惠
促进第二、第三支柱发展的政策导向，始终面临受益
者主要是高收入群体，进而与社会公平理念有所冲突
的矛盾；同时政策感知度较低，使得其激励效果也难
以发挥充分。这提示我们，合理利用税收优惠政策促
进第二、第三支柱的发展，需要考虑中国国情，特别
是个税制度的现实情况。

3. 个人账户模式在第二、第三支柱中越来越受到各国的重视

一般说来，发展第二、第三支柱养老金存在产品
制和账户制两种模式。前者以金融机构设计各类可享
受税收优惠的产品为重点，后者则是设计税优个人账
户，参保人再基于账户自行选择投资机构。从国际实
践看，各国普遍采取设计税优个人账户，用于归集各
类个人补充养老金、享受税收优惠。个人账户普遍采
用受托管理模式，以构建市场化、多元化的个人养老
金账户管理格局。

美国的第二、第三支柱养老金均是典型的个人账
户模式。其基本的架构在众多发达国家中也被普遍吸
收采纳。美国式的个人账户模式具有以下特征。

一是个人养老金账户管理机构呈现市场化、多元
化的开放格局，银行和非银行金融机构都是重要渠道。
如从美国披露的 IRA 账户管理机构情况看，投资者在
基金、保险及其他非银行金融机构开立账户、购买金

融产品的占比达80%，在银行占比约20%。其中，投资者通过基金公司参与个人养老金业务的占比远超过18%。

二是即使是第二支柱，也可以通过制度设计实现市场化、多元化的个人账户管理格局。如美国的401（k）计划，先由企业选定401（k）计划投资管理人；投资管理人首先会为401（k）计划定制一个投资产品选单，参加计划的员工在投资产品选单里自主决定投资组合，可真正选择符合自身状况的投资与风险的最佳组合。

三是在补充养老保障体系比较发达的国家，通常第二、第三支柱的养老金账户都有比较好的联通性。这一联通性保障了资金可以跟随持有人转移，提升了制度的灵活性和吸引力，提高了缴费激励和保障水平。比如美国的第三支柱IRA计划和第二支柱401（k）计划就有良好的互补和联通性。允许两个计划的养老金可以通过转滚存（Rollovers）操作实现资产的转换，使原计划中的资产可以继续增值保值，同时保留税收优惠的权利。实际上，近年来美国IRA账户的资产增长主要来源于从401（k）计划的转滚存。ICI数据显示，在2015年美国家庭将4730亿美元从职业养老金计划转至IRA账户，而同年通过缴费新增的IRA账户资产仅640亿元（ICI，2019）。不过这一联通性依赖于美国第二、第三支柱的账户体系框架相同，均为基于信义义务的账户体系，为联通性打下了良好的基础。

4. 大力推行合理的机制设计，助推参保人行动

一般说来，第二、第三支柱大都适用自愿加入原则。但养老金产品一般存在时间跨度长，涉及复杂的金融知识，普通人难以理解，因而加入意愿不强。从美国经验看，非常注重合理的机制设计，在确保知情权和安全性的基础上，助推参保人行动，取得了较好的效果。其典型的机制设计就是自动加入机制和默认产品制度。如在美国401（k）计划的发展历程中，其2006年颁布的《养老金保护法案》是个重要里程碑，促使401（k）计划进入新的发展阶段。《养老金保护法案》核心就在于设计了诸多便利化的政策，如"合格默认投资工具""自动加入机制"。

自动加入机制是指符合条件的雇员自动被加入到补充养老金计划中，同时雇员也被赋予在一定时间内可以选择退出的机会。自动加入机制可以克服雇员的惰性，自动为雇员做出有利的决策。被自动加入后，每月雇主从雇员工资中扣除一定比例的金额用于向计划缴费，具体缴费比例由雇主或者雇员确定，雇员可以在首次缴费后的30天或者90天内选择继续缴费或者退出计划。① 相关研究表明，美国的自动加入机制大大增加了401（k）计划的参与率和缴费率。根据ICI在2015年的一项统计，87%的401（k）计划雇主会

---

① 资料来源：https://www.irs.gov/retirement-plans/retirement-plans-faqs-regarding-automatic-contribution-arrangements-automatic-enrollment-arrangements。

为雇员进行缴费，29% 的 401（k）计划设置了自动缴费机制。美国的这种自动加入机制做法，在意大利、新西兰、土耳其和英国、加拿大等国家也被采用。

合格默认投资工具机制是指加入年金计划时，计划参与者对年金管理者提供的投资选择不加以修改或不做表示，以默认的形式自动确定个人账户的投资选择。第二、第三支柱养老金产品通常允许参加者在（雇主提供的）标准化产品范围内进行自主选择，称为"个人产品化投资模式"。不少国家都允许设置默认选择，来引导大家对某类产品进行投资。研究表明，合理设置默认投资选项有助于帮助养老金参与者克服惰性和选择困难，为不具备专业投资能力的养老金参与人提供解决方案，引导将长期养老资金投资于符合养老目标和长期投资策略的产品。比如，美国 2006 年推出默认投资选项后，DC 计划参与者极端化配置的情况逐渐得到了改善，资产配置趋于合理。

5. 吸收各国有益经验，完善监管体系

从美国经验看，其以 401（k）计划为主体的第二、第三支柱蓬勃发展，与其强劲且稳定的保值增值能力密切相关。而要保持这样的保值增值能力，合理的监管导向和高效的监管体系必不可少。但第二、第三支柱的运转，涉及财税政策、社会保障政策、金融市场等，其涉及的政府主管部门非常多，需要在各政府部门间建立专业分工、协调合作的监管体系，并明确监管导向。

为此，需要学习包括美国在内的先行国家的经验，以高度重视补充养老金的保值和增值为出发点，兼顾各国的国情、文化等，选择适合中国的监管制度与政策体系。具体而言，包括投资管理机构准入、投资范围限制、监管部门间的分工合作、监管模式等。

首先，在投资管理机构准入上，存在信义义务模式与资本金模式的区分，两者各有其适用性。信义义务模式是指，允许多元化的市场主体在遵守受托责任或信托义务的前提下，以审慎态度为委托人的私人养老金账户进行资产管理，进而实现养老资产保值增值的目标。信义义务模式的特点是账户体系权属清晰、风险由个人自担，一般说来应以个人账户制为前提。典型的如美国、加拿大。资本金模式是指，通过重要性金融机构（如银行、保险等）作为中介，以资本金约束的方式审慎构建起包括缴费、资产保值增值和领取等安排的补充养老体系，进而实现补充养老保障的目标。资本金模式的特点是强调保障，风险需由金融机构分担。典型的如德国、法国，其起步阶段均强调金融机构的资本金作为保障，但近年来逐步向注重发挥投资功能的信义义务模式方向发展。

其次，普遍鼓励市场化投资运作促进实现保值增值的目标。各国的补充养老金，特别是第三支柱，大都赋予参保人个人自主投资选择权。投资机构一般是各类金融市场主体都可以参与。投资范围限制上，一般限于各类金融产品。可投资金融产品一般范围较广，包括货币、担保投资凭证、政府债券、公司债券、共同基金、公司分红以及其他在股票市场上可以交易的证券等,以适应不同风险收益偏好。部分国家给出了合格投资品名单,鼓励长期投资行为。如加拿大的RRSP 和 TFSA 均规定了合格投资品,也对非合格投资品和禁止投资品进行了说明。

再次,多个监管主体形成专业分工、协调合作的监管体系。各国监管体系上的差别,主要体现在监管主体和监管方式两方面。第二、第三支柱养老金涉及多个政府部门。监管主体必然是相关政府主管部门的专业分工、协调合作。总体来说,各国补充养老保险政策设计,特别是其中的税收优惠政策,均是由财政部门、社会保障主管部门制定。税务部门负责执行税收优惠政策。而养老金投资运作的监管主体,则在各国间,乃至不同支柱间有所差异。如美国的劳工部对401(k)计划的投资主体负有较多的监管责任,包括要求按时上交年度报表和财务进行审计的监督和监控责任,对受托人的职责和禁止幕后交易等规定的执行情况进行监控等。同时美国证券交易委员会、银行、保险监管机构从专业监管角度,根据《证券法》《证券交易法》《投资公司法》和《投资顾问法》对401(k)计划的投资对象如证券、共同基金、保险产品和提供相关服务的金融服务机构进行法律制约。而美国的第三支柱,则是以金融监管机构的监管为主体。但在一些国家,第二、第三支柱的投资行为监管责任主要由金融监管机构承担。

最后,监管风格主要有"治理型"和"约束型"

两种类型，需要结合国情选择合适的类型。

前者仅从"审慎人规则"入手，监管和规范养老金管理人的内部控制、治理结构和信息披露等，对其投资行为几乎没有任何限制；后者则还对投资的资产、地域及比例进行限制。

五 推动中国第二、第三支柱养老金健康发展的建议

（一）建立实名制个人养老金账户

账户制是各国补充养老保障制度的主要实施模式。当前中国应建立和完善个人账户制。

首先，可由政府部门联合搭建一个与第一、第二支柱兼容的信息平台，监管部门依托该平台进行监督与管理；同时，信息平台与税务机关对接，完成税收优惠政策的落地，实现对参与个人终生跟踪，防止税源流失。对于首次投保第二、第三支柱的参保人，承办金融机构应为其向信息平台申请建立一个"信息账户"。"信息账户"的管理权归属于信息平台，具有唯一性，可实现投保人身份校验、税优产品登记、个人账户信息查询，并与税务信息系统无缝对接，实现投保人纳税抵扣、税务稽查以及直接补贴发放等功能。

其次，各金融机构可在其内部为投保人建立"管理账户"和资金账户，实现产品的配置和转换等功能。管理账户保持与信息平台为个人开立的统一账户的信

息交互和一一绑定。管理账户的信息必须归集到个人信息账户。参保人的金融交易均通过管理账户进行，并由管理账户负责向个人信息账户报送；在达到法定退休年龄或其他符合领取条件之前，管理账户里的资产不得变现领取。个人的管理账户可以在多个金融机构开设，包括符合条件的银行、基金、保险及其他金融机构。个人有权将资金在各个管理账户内调配。当然，不鼓励个人开设过多管理账户。

最后，设计一个当前账户体系向上述账户体系过渡的方案。当前可进一步明确企业年金等个人账户性质，试点推开的第三支柱产品也明确开设"补充养老个人账户"。同步加快推进信息平台建设。已参加第二或第三支柱养老计划者，在信息平台完成后由主要承担金融机构为其补充开设个人信息账户，归集相关信息。现有账户转变为管理账户。由此，第二支柱的企业年金与第三支柱的"补充养老个人账户"实现了打通。

这种可多方受托管理但税优唯一的实名制个人养老金账户，不仅仅是便于投资、管理考虑，还有助于进一步明确企业年金（职业年金）的性质。企业年金本质上应视为个人工资的一部分，是政府鼓励职工为养老储蓄，给予个人免税的一种制度安排。但按照当前的运转状况，企业年金却被视为企业的负担，影响了企业年金的推广。为此，未来的企业年金个人账户和第三支柱的"补充养老个人账户"，应当增设一栏，将其包含的税收优惠或递延税收优惠通过记账明晰化。

未来还可探索以补贴吸引低收入人群参加第二、第三支柱，补贴额同样可以通过记账明晰化。

综上，采用"统一账户＋管理账户"的模式发展中国的第二、第三支柱养老金有如下优势。第一，个人可以通过唯一的账户实现享受税收优惠、个人投资选择以及权益记录等功能；第二，所有符合条件的产品都进入个人账户，无论在哪个环节征税，都可避免重复征税，确保养老金制度的公平性；第三，账户形式的养老金资产可随个人工作变化随时转移；第四，与第二支柱保持账户制度统一，可以有效承接积累型养老金的转移接续，有利于未来实现不同支柱之间养老金的互联互通。

（二）确定税收优惠限额

如前所述，税收优惠政策是发展第二、第三支柱养老金必不可少的要素。但为了防止滥用税收优惠，同时为了避免当期财政税收大量流失，各国都对享受税收优惠和递延的缴费额度做了限制。缴费额度的限定一般有三种存在模式，一是简单直接的金额制，二是与个人收入挂钩的比例制，三是同时使用金额制和比例制的混合型。为了保证税优制度的公平性，一般比例制不会单独使用。

税优政策的制度设计和力度大小对于扩大补充养老保障的覆盖面至关重要。如前文所分析的，税优政策的激励效果影响因素很多。在中国，受个税纳税人数占比低等因素的影响，运用税收优惠政策促进第二、第三支柱发展面临着较多困难：受益面窄导致激励效果感知度低，广大中低收入者无法受益导致与社会公平理念相冲突。因而，中国在设计补充养老保障制度的税收优惠政策时，应考虑与其他政策相结合，让政策覆盖全部经济活动人口，而不仅仅是纳税人群，优化税收优惠政策设计，以体现社会公平。同时，应同步推动个税制度深化改革，强化个税征管，以使发展第二、第三支柱过程中税收优惠政策的激励效果发挥得更充分。

首先，制度设计应体现社会公平原则，可考虑通过政府转移支付职能与税优政策的相结合，扩大政策的覆盖面，让全体经济活动人口都能够享受到参与补充养老保障的政策红利。如可考虑，对并非个税纳税人口范畴的低收入人群，政府可以考虑给予一定的财政补贴，其参加补充养老保障的缴费由个人和财政共同出资，从而增强制度对非纳税人群的吸引力。对于有单位的，也可考虑鼓励由单位提供部分缴费补助，缴费补助纳入企业所得税的税前员工薪酬范围内。

其次，补充养老保障的税收优惠政策必须明确限额政策，这是社会公平和补充养老金健康发展的必然要求。我们建议直接采取税收优惠限额制：在单一账户的基础上，明确个人年度内参与第二、第三支柱养老计划所能享受的最高税收优惠额度。按照上述税优个人养老金账户的设计，限定税收优惠额度的做法也方便实施。初期可以明确为 2000 元，其后可视情况再提升。① 这一额度，也可以作为设计面向低收入群体参保补贴的参照值。税收优惠政策的设计，应当综合考虑第一、第二、第三支柱的参保情况。考虑到参加城镇职工基本养老保险者，其缴费已享受到较高的税收优惠，可以为未参加城镇职工基本养老保险者额外增加第二、第三支柱的税收优惠限额 1000 元。

其三，明确打通个人享有第二、第三支柱养老计划的税收优惠额度，即以上税收优惠额度在第二、第三支柱之间可累计、可转移。例如，对于享有企业年金或职业年金者，如果个人缴费上限没有达到最高可享有的额度，职工可以将剩余额度用于自行配置第三支柱的个人账户；对于未享有任何年金者，允许其将所有税优缴费额度完全用于第三支柱个人账户。这种设计的好处是，能够直观地向参与人展示其享受的税收优惠额度，且能够较好地保证公平。

最后，应推动完善个税制度，强化个税征管，提升税收优惠政策促进第二、第三支柱发展的感知度和公平性。按现行规定，领取基本养老金不缴纳个税，领取第二、第三支柱年金递延缴纳个税。为促进社会公平，可考虑领取第二、第三支柱年金递延缴纳个税时，将基本养老金纳入缴税基数。适应个税发展方向，推动将资本利得纳入个税征收范围内，由此第二、第三支柱投资收益的递延纳税的吸引力才能加强。强化个税征管，稳定调整个税免征额，将个税纳税面逐步提高到

---

① 对于边际税率 10% 的纳税人来说，意味着每年可以存入限额为 2 万元。

合理比重，由此税收优惠政策的感知度才能得以提升。

（三）以合理的机制设计扩大覆盖面

中国居民储蓄率居于世界前列，但包含税收优惠的第二、第三支柱的养老储蓄却发展低迷，这是一个奇怪的现象。为此，应结合通信、大数据技术的发展，简化企业年金、个人养老保险的经办和管理流程，同时探索采用国际上流行的自动加入机制和默认投资选择机制，助推行动。还可探索金融机构设置投资顾问职位，为参保人提供投资顾问等服务。

还应当学习其他国家经验，对中小企业做出特殊安排。可考虑建立低门槛、低成本、简易的补充企业年金计划来鼓励中小企业参与。当前企业年金制度管理流程复杂、成本高，加之中小企业本身生存压力大，基本养老保险缴费成本较高，导致其建立企业年金制度意愿很低。但是中小企业提供了大量就业机会，覆盖了超过90%的雇员，因此我们需要重新设计企业年金制度，让中小企业积极参与进来。可以提高企业参与补充养老的税收减免额度，从当前的职工工资总额的5%提升到25%。同时可以降低参与门槛，不要求企业必须匹配，即中小企业企业年金是集成性的，不与单个企业对应。

（四）构建协调合作的监管体系

坚持审慎原则，构建专业分工、协调合作的监管体系。补充养老保险的监管需要齐抓共管，财税部门、人社部门、金融监管部门均要在养老金监管中承担相应的职责。当前，中国的企业年金等第二支柱已经由人社部主导建立了较为完整的运营体系，而第三支柱尚未明确。建议未来应由财政部门、人社部门负责总体政策设计和基本原则的确定，税务部门负责税收优惠政策的执行和监管。具体运营监管方面，第二支柱以人社部门的宏观监管为主导，金融监管部门主要聚焦投资阶段的机构、产品准入和行为监管。第三支柱的监管，财政部、人社部主要负责遵循宏观审慎原则确立政策和监管的基本原则，具体机构和产品筛选标准和目录管理工作沿用现有国务院关于金融机构和产品的监管安排，由银保监会、证监会负责，以保障监管到位、措施有效，切实保护参与人权益。

建立投资管理机构的门槛准入和动态调整机制，最终走向信义义务模式。结合中国国情，投资管理机构应有一定的门槛准入，但应建立动态调整机制。建议由人社部等监管部门事先明确年金受托、投管等机构必须满足和符合的资格条件，并向社会予以发布，符合条件的机构经过申请报备即可获得第二支柱相关业务的参与资格。第三支柱试点期间主要是保险公司在运作，未来也应建立公布相应的投资门槛准入标准，鼓励更多符合要求的各类金融机构服务个人养老。在起步阶段，门槛标准可适当较高，未来可逐步放松。同时，还应当明确相关机构资格退出条件和退出处理流程，凡是不符合门槛准入要求的应当经过适当的处理流程自动退出。

　　监管部门应建立"合格投资产品"清单制度，推动构建专业的投资运营机制和考核机制，鼓励长期投资。当前在企业年金等第二支柱，应逐步探索增加参保个人的投资选择权，扩大选择面，直至最后完全归之于个人；第三支柱的税优个人养老保险，投资选择权应归之于参保人。投资管理机构按照监管部门的指引开发相应的投资产品。所有可交易的产品需在相关金融监管部门进行审批（或备案）。通过审批的产品将列入"产品目录清单"予以公布，列入"清单"的产品为"合格投资产品"。个人养老金账户内进行的交易和投资的只能是合格产品。对于一些不被允许的投资管理机构行为，也应公布负面清单。注意平衡好中长期内的风险和收益的关系，对投资管理机构的考核，应坚持鼓励长期投资导向，与参保人的养老储蓄保值增值需求相对应。承担风险是获取收益的来源，养老金投资要通过管理风险而不是回避风险来获取收益。中期内引导企业年金和职业年金建立长期考核机制，设置专业的考核标准，废除短期保本要求，将保本增值目标设定为中期或长期。可学习美国经验，鼓励投资管理机构设计目标日期型投资产品。

参考文献

丁少群、王一婕：《税制对养老保险业务发展的影响——以美国个人退休账户的养老保障税优政策为例》，《中国保险》2017 年第 6 期。

黄万鹏：《美国个人退休账户制度分析及对中国的启示》，《中国物价》2020 年第 8 期。

路锦非、杨燕绥：《第三支柱养老金：理论源流、保障力度和发展路径》，《财经问题研究》2019 年第 10 期。

马珺：《面向自然人课税的思考——以美国国内收入局个人所得税征管为例》，《国际税收》2017 年第 2 期。

齐传钧：《美国个人退休账户的发展历程与现状分析》，《辽宁大学学报》（哲学社会科学版）2018 年第 3 期。

齐传钧：《自愿性个人养老金能填补公共养老金缺口吗？——从理论到实践的反思》，《保险研究》2020 年第 8 期。

邱薇、刘李杰：《美国第三支柱养老金——个人退休账户（IRA）计划管理运作及借鉴》，《清华金融评论》2014 年第 8 期。

孙洁：《养老保险第三支柱建设研究》，《中国特色社会主义研究》2020 第 5—6 期。

王一惠：《美国 401k 企业年金计划对中国企业年金运营的借鉴意义》，《国际金融》2016 年第 10 期。

王翌秋、李航：《税收递延型养老保险：国际比较与借鉴》，《上海金融》2016 年第 5 期。

吴孝芹：《美国补充养老金计划税收优惠政策经验及启示》，《山东工商学院学报》2018 年第 2 期。

伍德安：《中国养老保障体系税收政策的改革路径——基于美国税收政策经验的视角》，《经济体制改革》2014 年第 6 期。

肖汉平：《美国 401（k）计划与 IRAs 运作机制研究》，《证券市场导报》2005 年第 11 期。

伊志宏：《雇主养老金在养老保障体系中的作用——美国的经验及启示》，《财贸经济》2005 年第 11 期。

张梦云、曹玉瑾：《推进中国养老保险制度改革》，《宏观经济管理》2016 年第 4 期。

张晏玮、王国军：《美国个税递延型养老保险的影响因素对中国的启示》，《武汉金融》2018 年第 1 期。

张占力：《美国 401（k）计划积累过程的"政策漏斗"：规定、影响及对策》，《社会保障研究》2018 年第 6 期。

郑秉文：《财富储备与"资产型"养老金体系转

型研究》，《中国人口科学》2021 年第 1 期。

郑秉文：《第三支柱商业养老保险顶层设计：税收的作用及其深远意义》，《中国人民大学学报》2016 年第 1 期。

郑秉文：《中国养老金发展报告 2020》，经济管理出版社 2020 年版。

［法］伊曼纽尔·赛斯、加布里埃尔·祖克曼：《不公正的胜利：富人如何逃税？如何让富人纳税?》，薛贵译，中信出版社 2021 年版。

Holden, Sarah and Daniel Schrass, "The Role of IRAs in US Households' Saving for Retirement, 2020", ICI Research Perspective 27, No. 1, January 2021, www. ici. org/pdf/per27-01. pdf.

Holden, Sarah, Daniel Schrass, Jason Seligman and Michael Bogdan, "American Views on Defined Contribution Plan Saving, 2020", ICI Research Report, February, 2021, www. ici. org/pdf/21_ppr_dc_plan_saving. pdf.

ICI, "The Role of IRAs in US Households' Saving for Retirement", 2020.

ICI, "Investment Company Fact Book 2020", 2020.

ICI, "Changes in 401 (k) Plan Account Balances, 2010—2018", 2020.

ICI, "401 (K) Plan Asset Allocation, Account Balances and Loan Activity in 2018", 2021.

ICI, "American Views on Defined Contribution Plan Saving", 2020.

IRS，"Choose a Retirement Plan"，2021.

IRS，"Retirement Plans for Small Business"，2020.

Social Security Administration."Retirement Benefits"，January 2022，https：//www. ssa. gov/pubs/EN － 05 － 10035. pdf.

ICI，"Ten Important Facts About 401（k）Plans"，May 2021，https：//www. ici. org/system/files/2021 － 09/ten_facts_401k. pdf.

Kagan J.，S. Silberstein，and K. Schmitt，"Old － Age，Survivors，and Disability Insurance（OASDI）Program"，October 2021，https：//www. investopedia. com/terms/o/oasdi. asp.

IRS，"Choosing a SIMPLE IRA Plan"，April 2021，https：//www. irs. gov/newsroom/choosing-a-simple-ira-plan.

人力资源和社会保障部：《2020 年人力资源和社会保障统计快报数据》，2021 年 1 月 29 日，http：//www. mohrss. gov. cn/SYrlzyhshbzb/zwgk/szrs/tjsj/202101/t2021 0129_408673. html。

全国社会保障基金理事会：《2020 年全国社会保障基金理事会社保基金年度报告》，2021 年 8 月 18 日，http：//www. ssf. gov. cn/portal/jjcw/sbjjndbg/webinfo/2021/08/1632636003310029. htm。

后　记

　　近年来，中国的人口老龄化具有速度快、高龄化、城乡倒置、地区不平衡、未富先老、未备先老等特征，对中国养老保险体系的可持续发展提出新的挑战。2020 年中国 60 岁以上年龄人口占比已达到 18.7%，65 岁以上年龄人口占比达 13.5%。面对人口老龄化快速发展且即将进入中度老龄化社会的现实国情，中国需要按照国家"十四五"规划纲要提出的发展目标，积极推进多层次养老保险体系建设方面的研究。

　　美国 401（k）计划可为我们提供一定的经验借鉴。美国构建了由政府、企业和个人共同支撑的三支柱养老保险体系，且三大支柱的角色较为清晰。由联邦老年遗属与失能保险（OASDI）中的养老部分构成最基本、最普惠的养老方案，核心目的是广覆盖、保基本；第二、第三支柱养老金计划，是美国居民在公共养老金系统之外的重要补充。特别值得研究的是，美国养老保险体系中第二、第三支柱养老金种类丰富，在世界范围内都是独树一帜。其中，属于第二支柱的 401（k）计划影响最大。基于这一考虑，本书以美国

401（k）计划为重点，兼顾其他几类税收优惠型养老保险计划，研究梳理其发展历程、产生的经济社会背景、运行模式、税收支持政策等方面的特征，总结其实际效果以及存在的不足，并结合中国实际比较分析。在借鉴美国401（k）计划经验基础上，我们提出了若干政策建议：按照"信息账户＋管理账户"的模式，建立实名制个人养老金账户；确定税收优惠限额；助力扩大覆盖面；明确鼓励长期投资监管政策导向。

本书第一部分概述美国的三支柱养老金体系，由中国社会科学院财经战略研究院助理研究员张彬斌执笔；第二部分分析401（k）计划的发展历程和运行特点，第三部分简单介绍401（k）计划之外的其他类型税收优惠型养老保险计划的特点，这两部分由中国社会科学院财经战略研究院副研究员刘诚执笔；第四部分结合中国国情对比中美差异，第五部分在上述分析的基础上提出若干政策建议，这两部分由中国社会科学院财经战略研究院研究员汪德华执笔。闫坤研究员全面负责本书的提纲设计、分工、主要观点论证、统稿和校对。

《美国401（k）养老保险计划研究》撰写于建党100周年，出版于党的二十大胜利召开前夕。中国共产党一经诞生，就把为中国人民谋幸福、为中华民族谋复兴确立为自己的初心使命。过去一百年，党向人民、向历史交出了一份优异的答卷。现在，党团结带领中国人民又踏上了实现第二个百年奋斗目标新的赶考之路。习近平总书记强调，"时代是出卷人，我们是答卷人，人民是阅卷人"。因此，满足人民对美好生活的向往将是一切工作的出发点和立足点，从经济社会的现实角度来看，合理设置养老保险制度、保障资金充足并高效使用，是其中的重要工作。

本书的研究始于财政部税政司委托闫坤研究员的课题"美国401K及其他税收优惠型养老保险计划研究"，在研究和写作的过程中，财政部税政司王建凡司长、张磊处长给予课题组巨大的支持和帮助，中国社会科学院大学博士生杨远旭、张晓珉在资料搜集过程中付出了辛苦努力，在此一并表示感谢，同时也要感谢中国社会科学出版社副总编辑王茵女士为本书出版所付出的努力。本书对于美国养老保险有关经验的总结难免带有局限性，但我们的目的在于真实客观地展现美国第二、第三支柱养老保险设置的逻辑和经验，希望给读者启发和借鉴。

作者

2022 年 4 月 6 日

闫坤，二级研究员，博士生导师。现任中国社会科学院日本研究所党委书记、副所长。享受国务院政府特殊津贴专家，"新世纪百千万人才工程"国家级人选。主要研究领域为宏观经济与财政理论等。主持国家社会科学基金和部委课题 40 多项，在《中国社会科学》《经济研究》《管理世界》等学术杂志上发表论文 200 余篇，曾获全国第五次财政理论优秀科研成果一等奖、中国社会科学院第二届和第十届优秀科研成果、中国社会科学院优秀对策信息奖一等奖等多种奖项。

刘诚，经济学博士，九三学社北京市委经济专门委员会委员。现任中国社会科学院财经战略研究院副研究员。主要研究领域为制度经济、产业经济、国际经济等。主持国家社会科学基金和部委课题 10 余项，论文发表于《经济研究》《管理世界》《中国工业经济》《人民日报》等报刊。曾获中国社会科学院优秀信息对策奖二等奖，商务部"2018/2019 年商务发展研究成果奖"论文类三等奖等多种奖项。